KB082904

당신의 네트워크에
터보엔진을 달아라

톰 슈레이터 지음 | 권지은 옮김

당신의 네트워크에
터보엔진을 달아라

당신의 네트워크에 터보엔진을 달아라

1판 1쇄 인쇄/2002년 06월 15일
1판 1쇄 발행/2002년 06월 20일

지은이/톰 슈레이터
옮긴이/권지은
발행인/박창조
발행처/아름다운사회

등록일자/1995년 7월 19일
등록번호/제5-180호

경기도 하남시 감북동 344-10(465-180)
대표전화/(02)488-4638 팩시밀리/(02)488-4639
홈페이지/http://www.bizbooks.co.kr
E-mail/scj200@naver.com

ISBN 89-89724-44-9(03320)

값 5,500원

제3장 시스템에서 벗어나지 마라 / 89

"빅 알"의 메시지

이제 사람들은 불분명하고 불필요하며 이해하기 어려운 비즈니스 구축에 많은 시간과 에너지를 소모하는 것 대신에 새롭고 검증된 방법을 통한 탄탄한 그룹 구축을 원하고 있습니다. 빅 알은 사람들의 이런 요구사항을 잘 알고 있습니다.

이 책에 담긴 내용을 따를 경우 당신의 수입은 큰 폭으로 성장할 것입니다. 수입이 성장할 경우, 그 여분의 돈을 제대로 투자하는 법에 대해 고민하느라 당신은 스트레스나 근심에 휩싸이게 될지도 모릅니다.

이 책에서 단지 하나의 좋은 아이디어만 당신의 것으로 만든다면, 적어도 책값은 건진 겁니다. 이 책을 통해 하나 이상의 좋은 아이디어를 얻기 바랍니다.

제1장

효과적인 컨택과 후원

네트워크 사업자 "조"

네트워크 마케팅 사업을 하고 있는 독립적 자영 사업자 조는 토요일 아침 일찍 자리에서 일어났습니다. 일주일 내내 그는 "컨택과 후원활동"을 하기 위해 휴일을 손꼽아 기다려 왔습니다. 오늘은 특별한 스케줄이 없으므로, 새로운 고객들을 컨택하는데 그의 노력을 100% 사용할 수 있습니다. 맛있는 아침식사를 끝낸 후 조는 시계를 보았습니다. 오전 8시 30분. 전화를 걸어 약속을 잡을 시간입니다.

약간 주저하는 마음으로 조는 첫 번째 전화번호로 다이얼을 돌렸습니다. 전화벨이 세 번 울린 후 조는 재빨리 전화를 끊어버렸습니다. "이 사람들은 아직도 자고 있을지도 몰

라. 이렇게 이른 시간에 전화 걸 수는 없어."라고 조는 혼자 생각했습니다. "앞으로 한 시간 가량의 목표 설정을 좀 해야겠군."

오전 9시 30분까지 조는 목표 및 계획을 적은 다이어리를 수정하기 시작했습니다. 그의 10단계(tenth level) 다운라인 사업자들이 매주 평균 20~30달러를 벌 수 있는 사람들을 한 명씩 후원할 경우 조가 얼마나 많은 보너스를 받을 수 있는가가 다이어리에 계산돼 있습니다. 또한 그가 슈퍼스타 수준에 도달했을 때 바쁜 스케줄에 맞춰 실행할 수 있는 연설 횟수 역시 전부 계산해 두었습니다.

그러나 우선 조가 할 일은 **첫 번째 사업자**를 컨택하고 후원하는 것입니다.

오전 9시 35분이 되자, 조는 두 번째 전화를 걸기 시작합니다. 상대방은 통화중입니다. 안도의 기분을 느끼며, 조는 다음과 같이 생각합니다. "이 사람은 어쨌든 우리 사업에 관심이 없었을 거야." 처음의 두 가망 고객들과 약속을 잡는 데 실패했기 때문에, 조는 누구에게 연락할 것인지를 결정하기 위해 가망고객 명단(prospect list)을 살펴보기로 결정합니다. 명단을 살펴보는 동안 조는 우리 사업에 호감을 가지고 있는 가망 고객, 그저 그런 가망고객, 우리 사업을 아주 부정적으로 생각하고 있는 가망고객으로 사람들을 구분합니다. 그 후 그는 가망 고객의 이름들 및 관련 자료들을 3×5Cm 크기의 카드에 옮겨 쓴 후, IBM도 부러워할 만큼 멋진 파일 시스템을 만듭니다.

오전 11시 45분에 조는 오늘 아침에 전화접촉을 전혀 하지 않았다는 사실에 약간의 죄책감을 느낍니다. 그는 "사실 사람들에게 거절당하는 게 두려운 건 아냐. 오후에 크게 성공하기 위해서 오전에 사전 작업을 한 셈 쳐야지. 사실, 지금 당장에라도 밖으로 나가 엄청난 수의 사람들을 후원할 수 있어."라고 스스로 위안을 삼습니다.

외출할 준비를 끝낸 후, 그는 갑자기 정신이 돌아와서는 "이런, 벌써 점심시간이네. 외출하기 전에 식사를 해야겠다."라고 말합니다.

오후 1시가 되자 조는 드디어 집을 나서서 자동차를 몰고 큰길로 향합니다. 그러나 가장 먼저 어디부터 가야할까요? 잡아둔 약속도, 계획도 없습니다.

조는 용기를 내어 이웃의 가까운 쇼핑구역으로 향합니다. 그는 여기서 낯선 사람들에게 말을 건넬 심산입니다. 특히 이 기회는 소규모 사업을 하는 사람들에게 말을 건넨 후 사업을 소개할 수 있는 좋은 기회인 동시에, 성공을 위한 완벽한 상황입니다.

구두수선 가게 앞에는 손님들이 줄지어 있으므로, 조는

현명하게 그 옆을 지나쳐 버립니다. 타일을 파는 사람과 카페트를 파는 사람의 가게에는 손님이 각각 한 명씩 있지만, 조가 거절당할 경우 이 손님들이 조를 불쌍하게 여길지도 모릅니다. 꽃을 파는 사람은 시무룩한 얼굴을 하고 있으니까, 괜히 말을 걸었다가는 더 화를 부추길지도 모릅니다. 신발 가게에는 일하는 젊은이가 혼자 있습니다. 하지만 조가 이 젊은이를 잡고 그의 기회를 설명한다면 아마도 젊은이는 매니저에게 들켜서 해고될 수도 있습니다. 음, 그러나 시계 수리공은 혼자 있군요.

조는 다가가서 자신을 소개했습니다. 시계 수리공은 즉시 "이 사업에 드는 비용이 얼마입니까? 얼마나 오랫동안 이 일을 하셨나요? 이 사업 내에서 당신의 신용도는 어떻습니까? 최근 12개월 동안 얼마만큼의 보너스를 받으셨습니까?" 등의 질문을 조에게 던졌습니다.

완전히 겁먹은 조는 지금 매우 바쁘고 또 다른 약속이 있다는 핑계를 대어 겨우 체면을 유지했습니다. 그리고 재빠르게 그 자리를 떠났습니다.

오후 2시 20분이 되자 조는 매우 낙담하여 자동차로 돌아왔습니다. 그의 자신감은 바닥에 떨어졌지만, 마지막으로 한번만 더 시도해 보기로 결정했습니다. 조는 그의 친구 집으로 가서 적어도 한 번의 사업설명(쇼더플랜)을 실행하기로 결심했습니다.

2시 45분에 조는 그의 친구 집을 향해 운전했습니다. 그러나 친구 집 앞에 차를 세우지 않았습니다. 거리에서 본 친구 집의 창문에는 사람의 그림자가 비치지 않았습니다. 아무도 집에 없다고 추측한 조는 혼잣말을 했습니다. "음, 이제 집에 제품들이 택배로 도착할 시간이군. 이 비즈니스에서 성공하려면 제품 인수 기록을 제대로 해야지."

"빅 알" 성공의 열쇠

조의 스폰서는 빅 알이라는 후원의 대가입니다. 빅 알이 조를 방문해 이번 토요일을 어떻게 보냈는가를 물었을 때, 그는 이미 조가 어떤 대답을 할 것인가를 미리 예상하고 있었습니다.

그가 말하길, "조, 자네가 열심히 하려는 마음은 잘 아네. 누구나 후원을 하려고 할 때 불안감이 온 몸 곳곳에 스며드는 걸 느끼지. 이러한 경험을 통해 자네는 이 불안감을 단번에 해결할 수 있는 내 충고에 더 귀를 기울이게 될 것일세."

후원활동 문제에 대한 해결 비법을 배우기 위해 빅 알의 집으로 급히 향할 때, 조의 기분은 매우 좋아졌습니다.

조가 도착하자 빅 알은 다음과 같이 말했습니다. "한 가지 교훈은 만 개의 단어보다 가치가 있는 걸세. 대부분의 독립적 자영 사업자들은 다른 이들로부터 훌륭한 충고를 듣지만, 이 충고들의 가치를 파악하지 못하거나 혹은 어떻게 실

생활에서 사용해야 할지를 모른다네. 나는 자네에게 직면해 있는 후원활동과 관련한 문제에 대해 마술과 같은 해결책을 제시하지는 않겠네. 그 방법은 자네 스스로가 찾아야 하네. 지금부터 자네는 전화를 몇 통 걸어서 이번 화요일 밤에 약속을 잡도록 하게. 내가 자네와 동행하여 필요한 모든 이야기들을 할 테니까, 약속 상대에 대해 너무 걱정하지 말게. 그저 날 따라와서 나의 노하우를 지켜보게. 알겠나? 친구에게 '지금 하고 있는 일을 계속하면서 추가의 수입을 올리는 데 관심이 있어? 너 한 번 빅 알이라는 사람을 만나봐. 이번 화요일 밤에 이 사람과 함께 20분 동안 널 방문해도 될까? 이 사람을 만나보면 너도 매우 좋아할 거야.' 라고 말해두게."

이건 별로 어려운 일이 아니라고 조는 생각했습니다. 결국 그가 할 일은 약속을 잡는 것뿐입니다. 빅 알이 전체 사업설명(쇼더플랜)을 할 거니까요. 조는 편안히 앉아서, 그의 친구가 각종 질문과 반대를 하면 빅 알이 어떻게 이 질문들에 답을 하고 친구를 회원으로 가입하게 하는지를 그저 지켜보기만 하면 됩니다.

빅 알은 전화를 가리키며 말했습니다. "지금 당장 한 두 통의 전화를 해 보는 게 어때?"

조는 이제 충분히 동기부여가 됐습니다. 그 후 20분 동안 조는 화요일 밤에 약속을 4건이나 잡았습니다. 또한 조의 자세가 매우 긍정적이었기 때문에, 전화로 각종 질문들에 대해 대답하는 그의 태도 역시 매우 긍정적이었습니다.

"그게 무엇에 관한 일이지?"라고 친구들로부터 질문을 받았을 때, 조는 "빅 알은 자네에게 돈버는 다양한 방법을 가르쳐줄 거야. 그리고 자네도 그 분이 꽤 괜찮은 사람이라고 생각할 거야."라고 대답했습니다.

빅 알은 조에게 "집에 가서 휴식을 취하게. 화요일 밤 5시 30분에 우선 자네 집에서 만나지. 대부분의 네트워크 사업자들이 일주일 내내 할 일을 자네는 방금 20분 만에 끝마쳤어."라고 말했습니다.

2 대 1 - 불공평한 게임

화요일 밤은 너무도 순조롭게 모든 일들이 진행되어, 조는 할 말을 잃었습니다. 한 친구는 별로 흥미를 보이지 않았으며, 다른 친구는 생각할 시간이 필요하다고 했습니다. **나머지 두 친구들은 사업자 신청서에 사인을 했습니다.** 두 명의 새로운 1단계(first level) 다운라인들을 하룻밤 만에 얻다니요!

또한 그 과정은 매우 쉬웠습니다. 조는 빅 알을 친구들에게 소개했으며, 그 후 빅 알은 침착한 어조로 이 사업이 가진 기회에 대해 설명했습니다. 빅 알이 사업설명(쇼더플랜)을 마치자 친구들 중에서는 이 사업에 참여한 친구도 있었고 그렇지 않은 친구도 있었습니다. 마술과 같은 사업설명도, 친구들에 대한 지나친 가입 압력도 없었습니다. 단지, 자기 자신도 쉽게 할 수 있을 만큼 간단한 설명뿐이었습니다.

그러나 정말로 놀라운 일은 친구들의 반응이었습니다. 조의 친구들은 빅 알이 말하는 한 마디 한 마디를 모두 경청 하고는 그에게 존경의 눈초리를 보냈습니다. 냉소적인 거절 도 없었습니다. 친구들은 매우 예의바르게 행동했습니다. 바로 이러한 이유로 빅 알은 손쉽게 사업설명을 끝마쳤습니 다.

그 날 밤늦게 빅 알과 함께 자신의 집으로 되돌아 온 조는 조금 전에 일어난 일들에 대한 설명을 듣고 싶어 했습니다. 빅 알은 미소를 머금고는 조에게 메모를 하라고 말했습니 다.

"오늘 밤 실행된 사업설명의 비결은 간단하네. 우리는 둘 이고 그쪽은 혼자였어. 이건 분명 상대에게는 불공평하지만 우리에게는 유리하지. 우리가 한 일은 상대를 우리와 같은 방식으로 생각하도록 설득한 일 뿐일세. 그리고 아마도 우 리의 방식에 분명 장점이 있음에 틀림없어. 왜냐하면 그들 중 두 명이 이미 이 사업에 참여했으니까. 그들은 우리의 틀 린 점을 찾아 우리 둘을 설득하기보다는, 우리의 열정에 감 화돼 이 사업에 참여하게 된 걸세. 게다가 자네 친구들은 우 리가 생각하는 방식으로 생각하기를 원하고 있네. 즉, 그들 역시 추가수입을 원하고 있어."

"보기에는 간단해 보일지 몰라도, 체계적인 시스템을 가지고 움직이는 그룹일수록 스폰서와 짝을 지어 파트너십을 가지고 일하고 있네. 이 사실은 자네 성공에 절대적으로 중요한 요소야. 그렇다면 대부분의 베테랑 사업자들이 파트너가 되어 일하는 **이유에 대해** 좀 더 자세히 살펴보도록 하세."

1. 자네가 친구를 방문할 때 이 친구는 각종 이야기들, 예를 들어 스포츠 이야기나 자네 가족에 대한 잡담을 함으로써 화제를 다른 곳으로 끌고 가기 쉽지. 자네와 농담하거나 자네를 놀리는 등, 재미를 위해 하는 얘기들이 결국 자네에게 스트레스를 주게 되지.

하지만 자네가 낯선 사람과 함께 있을 때 상황은 전혀 달라지지. 자네 친구는 나를 모르기 때문에 예의를 차리게 되네. 내가 낯선 사람이기 때문에 나를 전문가로 여긴다네. 내가 자네의 직장 상사라고 여긴 친구는 자네를 곤경에 빠뜨리지 않기 위해 내게 최선의 대우를 해주네. 친구가 자네를 겁줄 수는 있지만, 낯선 이와 함께라면 그 친구는 보다 더 협조적이고 사업에 관심을 보이게 되네.

2. 가망고객은 우리 사업의 전반적인 미래의 비전을 보는 것이 아니고 현재 자네의 모습만을 보고 판단을 하게 되네. 만약 그 사람이 느끼기에 자네가 인간적으로 덜 성숙했을 경우, 그는 기업 자체가 아닌 자네에 대한 판단을 근거로 사업의 기회를 거절하게 될 걸세. 하지만 만약 개인적으로 알지 못하는 낯선 이가 동행하게 될 경우, 그는 자네나 혹은 자네의 현재 위치가 아니라 사실들을 근거로 결정을 내리게 되지.

3. 스폰서와 파트너가 되어 일할 경우 자신감은 더욱 높아지네. 그들 둘은 서로에게 동기를 부여하지. 이러한 시스템은 자신이 혼자가 아니라는 느낌을 주네. 만약 자네가 혼자일 경우, 자네는 아마도 거절을 당하거나 약속을 잡는 데 대해 두려움을 느낄 테지. 따라서 가망고객들과 접촉을 피하게 되네.

자네가 지난 토요일에 한 행동들이 바로 여기에 해당되네. 만약 자네가 누군가와 동행을 했었다면, 서로가 자신감을 가지도록 용기를 북돋아줄 수 있었을 거야. 만약 두 명이 각각 네 건의 약속을 잡았을 경우, 자네는 아마도 자네의 목표를 모두 이루기 위해 노력할 걸세. 어느 누구도 자신이 하는 일을 금세 그만두고 싶어 하지 않거든.

4. 두 명이 함께 홈 미팅에 참여할 경우, 한 사람은 말하고 다른 사람은 침묵을 지키며 가망고객들의 표정과 반응을 관찰할 수 있네. 관찰하는 사람은 필요한 모든 정보가 질서정연하게 사업설명에 포함되는지에 대해 걱정할 필요가 없네. 따라서 그는 자유롭게 가망고객들과 사업설명을 들으며 그들의 반응을 지켜볼 수 있으며, 그들의 참여 동기에 보다 많은 관심을 기울일 수 있다네. 가망고객들이 결정을 내릴 시간이 다가올 때, 듣고만 있었던 사업자는 자신의 관찰을 토대로 자칫 빼먹기 쉬운 중요한 정보를 가망고객들에게 알려줄 수 있지.

5. 두 명의 사업자가 함께 일할 경우, 각각의 사업자가 홀로 일하는 것보다 더 많은 효과를 낼 수 있어. 장담컨대 자네는 이제 팀으로 일하는 것이 얼마나 효율적인가를 이해했으리라 믿네. 우리 네트워크 사업자들에게 효율성은 매우 중요한 것일세.

6. 만약 자네 그룹에 새로 가입한 신규 사업자들에게 팀이 아닌 혼자서 후원활동을 할 것을 지시할 경우, 다음 세 가지 조건들이 뒷받침되어야 하네!

(a) 신규 사업자들이 자네의 사업에 대한 즉각적이고도 총체적인 지식을 가지고 있다.

(b) 신규 사업자들이 무한한 자신감을 가지고 있으며, 혼자서도 거절당하는 것을 두려워하지 않는다.

(c) 가입 신청서에 이름을 써넣는 바로 그 순간부터, 언제 어디서나 자신감 있는 모습으로 사업설명을 할 수 있다.

그런데 자네도 알다시피 위의 세 가지 조건들은 현실과는 거리가 먼 것들이지. 따라서 유일한 대안은 팀으로써 일하는 거라네.

7. 두 명이 함께 후원활동을 할 경우 서로의 사업설명을 검토할 기회를 가질 수 있네. 특정 사업설명 자리에서 서로의 장점은 권장하고 약점은 보완하여, 다음 기회에는 더 나은 쇼더플랜에 나설 수 있게 되지. 두 개의 서로 다른 관점을 가지는 것, 다시 말해 사업설명을 하는 사람과 관찰자로 나뉘는 것은 그 가치가 무궁무진하네.

"자네도 알듯이, 반드시 둘이서 한 팀으로 후원을 하고 홈 미팅을 가져야하는 분명한 이유들이 존재하네. 오는 2주 동안 자네와 나는 화요일 밤과 토요일에 함께 일할 걸세. 화요일에는 네 건의 약속, 토요일에는 여섯 건의 약속이 각각 필요해. 다시 말해 매주 열 건의 약속을 잡게 되네. 내가 다섯 건의 약속을 잡을 테니 자네가 나머지 다섯 개를 맡게.

공평한가?"

조는 열정적으로 동의했습니다. 이것은 틀림없이 손쉬운 작업이 될 겁니다. 가망고객들에게 전화를 하거나 만나서 후원활동을 하는 일에 대한 그의 두려움은 이미 사라졌으며, 많은 다운라인 사업자와 함께 인생을 성공적으로 살아가고 있는 밝은 미래가 조의 눈앞에 펼쳐졌습니다.

결실

2주 후, 조의 그룹에는 열다섯 명의 새로운 사업자가 참여했습니다. 그의 네트워크가 형성되기 시작한 것이죠. 이제 후원하는 일은 그의 일상이 되었습니다. 매주 화요일 저녁과 토요일, 빅 알과 조는 함께 홈 미팅을 개최한 후 참여 여부를 가망고객들이 스스로 결정하게 했습니다. 어떠한 마술이나 강제적인 권유도 없습니다. 단지 기회를 제시해 줄 뿐입니다.

어느 날, 빅 알은 조와 함께 커피를 마시다가 조에게 파격적인 선언을 했습니다. "조, 자네의 트레이닝은 끝났네. 이제부터 자네는 혼자 스스로 일해야 하네. 내가 진행했던 사업설명을 여러 번 보고 들었으니, 나보다 더 잘 할 수 있으리라 믿네."

조는 당황했습니다. "하지만 우리는 팀이잖아요?"

빅 알은 웃으며 말했습니다. "조, 자네 혼자서 후원활동을 하라는 말이 아닐세. 이제 자네는 자네의 다운라인 사업자들과 팀을 만들어 일을 처리해야 하네. 분명 자네와 나는 궁극적으로 천 명의 네트워크 사업자들을 후원할 수 있으리라 믿네. 하지만 좀더 크고 탄탄한 그룹을 구축하고 싶다면 우리 둘이서만 일할 생각은 버려야 하네. 네트워크 마케팅이라는 빅 비즈니스는 뼈 빠지게 일하는 것이 아니라, 현명하게 일해야 하는 걸세."

"내가 자네를 트레이닝 시켰던 것처럼, 이제 자네의 다운라인 사업자들을 트레이닝 시키게. 자네 혼자서 컨택과 후원을 모두 하는 것보다는, 다섯 혹은 열 명의 신규 사업자들과 함께 사업을 하는 것이 더 낫지 않겠나? 자네가 팀을 만들어 그들과 함께 일하지 않는다면 자네의 다운라인 사업자들은 아마도 용기를 쉽게 잃을 걸세. 게다가, 우리의 빅 비즈니스를 소개시킬 자네 친구들의 수에도 한계가 있을 거야."

"낯선 사람들이나 무관심한 사람들에게 전화를 걸거나 광고를 내는 것보다는, 친구들에게 우리 사업을 전달하는 것이 더 낫다고 생각하지 않는가? 자네는 지금 열다섯 명의 다운라인 사업자를 보유하고 있네. 이들 중 일부는 동기 부여가 충만하고, 일부는 그렇지 못해. 내가 자네한테 알려준 방식 그대로, 그들에게도 약속을 잡으라고 말하게. 사업에 대해 진지하게 생각하는 사업자가 아마 다섯 명에서 여덟 명은 될 거야. 이들은 자네와 함께 일을 하고 싶어 하네. 이들 다섯에서 여덟 명의 진지한 사업자들과 일한다면 앞으로 당분간 자네는 매우 바빠질 걸세."

"이런 식으로 계속할 경우 자네는 기반이 탄탄한 대규모 그룹의 리더가 될 수 있을 걸세. 바로 이것이 네트워크 마케팅에서 슈퍼스타가 되는 가장 빠르고도 확실한 길이라네."

조는 마음속으로 재빨리 계산하기 시작했습니다. 만약 그의 다운라인 사업자들 가운데 다섯 명과 함께 일한다면, 그래서 그들이 각각 열다섯 명의 회원을 모집한다면, 그의 그룹에는 75명의 신규 다운라인 사업자들이 참여하게 되는 것입니다! 또한, 그가 지금 다섯 명의 사업자들에게 복제의 원리를 완벽히 트레이닝 시킬 경우 이들은 자신들의 다운라인 사업자들에게 똑같은 트레이닝을 실시할 것입니다. 그렇게 되기만 한다면 조는 몇 백 명의 사업자들이 함께 일하고 있는 거대하고 탄탄한 그룹의 리더가 되는 것입니다. 조는 **"효율성"**이란 단어의 뜻을 비로소 이해하기 시작했습니다.

각각의 네트워크 사업자들이 혼자서 이리 저리로 분주히

다니는 대신, 팀워크를 이용해 2~3개월 내로 수십 명의 새로운 회원들을 그의 그룹에 참여시킬 수 있습니다. 빅 알은 조를 트레이닝 시키는 데 3주를 투자했으므로, 다섯에서 여덟 명 가량의 사업에 열정적인 신규 사업자들을 트레이닝 시키는 데는 2~3개월이 소요될 것입니다. 한 명의 다운라인 사업자와는 화요일과 토요일에, 그리고 다른 사업자와는 수요일과 목요일에 함께 일할 수 있습니다.

2~3개월 후 조는 동료들의 부러움을 한 몸에 받는 그룹의 당당한 리더가 될 수 있을 것입니다. 조가 할 일은 시스템을 믿고 그대로 따르는 것뿐입니다.

지난 3주간 조가 배웠던 기본적 사항들을 사용함으로써 슈퍼스타가 될 수 있다는 사실을 빅 알은 조에게 분명히 알려준 셈입니다. 하지만 빅 알과 조는 앞으로도 꾸준한 만남을 통해 조가 제대로 사업을 진행하고 있는지를 살펴보고 조의 리더십을 향상시키기 위한 노력을 할 계획입니다.

조는 빅 알의 도움에 대해 고마움을 표시했습니다. 그러나 그가 깨닫지 못한 것은, 빅 알 역시 조를 통해 탄탄한 다운라인 그룹을 하나 더 보유하게 되었다는 사실입니다.

모든 이들이 일하지는 않는다!

커피를 마시며 대화를 한 후 2주가 지났습니다. 조는 빅 알에게 시스템의 뛰어남에 대해 이야기했습니다. 조가 깨달은 점은, 새로운 직속 다운라인 사업자들을 너무 많이 후원하는 것은 현명하지 않다는 것입니다. 가입한지 얼마 안 되는 신규 사업자들과 후원활동을 펼치다 보면 이전의 사업자들에게 관심을 덜 쏟게 되어 자칫 그들을 잃을 수도 있습니다.

1단계 다운라인 사업자의 수를 한정짓는 것이 중요합니다. 그러나 열다섯 명의 다운라인 중 단지 두 세 명만이 네트워크 사업에 진지하게 임할 경우가 발생하면 어떻게 대처

해야 할까요? 또한, 동기 부여가 전혀 되지 않은 다른 아홉, 열 명의 다운라인 사업자들을 어떻게 다뤄야 할까요? 전혀 동기 부여가 되지 않은 사업자들을 후원하는 것은 실수일까요?

이에 대해 빅 알은 다음과 같이 대답했습니다. "동기 부여가 되지 않은 사업자들도 우리 제품을 사용하네. 따라서 그들은 훌륭한 자가 소비자가 될 수 있지. 동기 부여가 되지 않은 사업자들에게 제품을 공급함으로써 매달 몇 백 달러가량의 수입을 얻을 수 있네. 분명 우리는 그들을 무시하지 말고 최선을 다해 도와야 해."

"동기 부여가 되지 않은 다운라인들은 자네와 다른 목표를 가지고 있어. 그들은 판매를 통해 약간의 수입을 올리는 데 만족하거나, 혹은 자신들이 사용하기 위해 도매가격으로 제품을 구입하는 것에 관심이 있지. 내가 개인적으로 운영하는 한 그룹에서는 이와 같은 '자가 소비'를 통해 매달 몇 천 달러를 벌고 있다네."

"조! 문제는 자네가 넓은 안목을 가지고 있지 않다는 사실일세. 자네는 단순히 동기 부여가 안 된 자네의 다운라인 사업자들을 후원하는 게 아니라네. **이들은 각각 자질을 갖춘 몇 십 명의 가망고객들, 즉 후원을 받았을 때 훌륭한 사업자가 될 수 있는 사람들을 알고 있다네. 따라서 동기 부여가 안 된 사업자들을 후원하는 것은 그들의 가치 높은 인간관계**

를 후원하는 것과 같은 말일세. 다시 말해, 동기 부여가 안 된 자네의 다운라인 사업자들을 평가할 때 그 사람이 하는 일이 아니라 그가 보유한 주변의 가능성 있는 가망고객들을 기준으로 평가해야 하네."

"자네가 할 일은 심도 높은 활동, 추천, 동기 부여가 안 된 사업자들의 대체일세. 분명 이들은 자네 그룹에서 훌륭한 네트워크 사업자가 될 가능성이 있는 사람을 적어도 한 사람 이상 알고 있을 걸세."

"경험이 풍부한 사업자들이 기꺼이 시인하는 점은, 자신들이 다운라인의 사업자들 대부분을 직접 후원하지 않는다는 사실이네. 이러한 사업자들은 2단계, 3단계, 혹은 10단계 수준의 사람일 수도 있지."

"동기 부여가 되지 않은 사업자들을 주저하지 말고 후원하게. 그 사람의 개인적 목표가 변해 앞으로 훌륭한 네트워크 사업자가 될 수도 있고, 아니면 그 사람은 자네가 쉽게 만나지 못할 가망고객을 자네에게 알려줄 걸세."

한 주가 지나자, 조는 컨택과 후원을 할 때 혁신적인 새로운 방법을 시도하려 한다고 빅 알에게 고백했습니다. 우선 조는 몇 개의 훌륭한 아이디어를 조사한 후, 그룹의 빠른 성장을 위해 자신의 아이디어를 사용해도 무리가 없는지에 대해 궁금했습니다.

시스템에 문제가 있어서 다른 방법을 찾아본 것은 아닙니다. 사실 조는 사업에 참여한 후 7주가 지난 현재 자신의 조직에 85명 이상의 다운라인 사업자들을 보유하고 있습니다. 단지 훌륭한 아이디어들이 매우 참신하게 느껴진 조는 이 아이디어들을 실행해보기 원할 뿐입니다.

빅 알은 미소를 머금고는 숨을 깊이 들이마셨습니다. "조, 이제 신화를 깰 시간인 것 같군. 모든 사업자들은 각자 자신의 그룹을 빠르게 성장시키기 위한 다양한 방법 및 아이디어를 가지고 있어. 이들 중 일부는 시간제로 일하고, 또 다른 일부는 참가 신청서만을 받고, 다른 일부는 특수 상황에서만 일하네. 그룹의 최고 리더일수록 시스템을 이용하는 이유는 이것이 효과가 있기 때문이야. 누구든 시스템을 사용할 수 있으며, 사용 후 몇 주가 지나면 누구나 리더의 자리에 올라설 수 있다네."

"내가 매주 이 만남을 고집하는 이유는 자네를 올바른 궤도에 올려놓은 후 이 상태를 유지시키기 위해서네. 다양한 아이디어를 산만하게 따르다보면 성공할 수 없네. 시스템에 충실하고, 현재 코스에서 벗어나는 것을 피하게. 그러나 내 말을 무조건 맹목적으로 따르라는 말은 아냐. 이제부터 주된 컨택과 후원에 관한 신화들의 일부를 살펴본 후 이들의 약점을 분석하세. 이 지식을 얻으면, 이미 효능이 증명된 코스에서 벗어날 일은 없을 테니까."

그 후 세 시간동안 빅 알은 시스템 이외의 다른 후원 방식이 대부분의 신규 사업자들에게 적합하지 않은 이유를 설명했습니다. 다음은 몇 개의 주된 신화 및 각각의 약점입니다.

1. 신문 광고 - 도와줄 분을 찾습니다. 직업이 없는 열일곱 살 소년이 신문을 읽는다고 가정해 봅시다. 이 소년은 돈도 없고 자동차도 없으며, 다음에 있을 데이트 비용 마련을 위해 약간의 돈을 벌고 싶어 합니다. '도와줄 분을 찾는 광고'

의 문제점은, 이 광고를 통해 당신이 확보할 수 있는 사람은 지금 당장 돈이 필요한 실업자들입니다. 이들은 비즈니스에 필요한 몇 달을 버텨내지 못합니다. 이들에게는 봉급이 얼마인지가 더 중요합니다. 당신이 진정으로 원하는 사람들은 이미 직업을 가지고 있으면서 시간제로 사업 건설을 할 사람들입니다. 이들은 '도와줄 분을 찾는 광고'를 읽지 않는데 굳이 광고를 낼 까닭이 있습니까?

2. **신문 광고 - 사업 기회**. 비록 광고에 관심을 보이는 사람의 수는 적지만, 이 광고를 통해 당신은 사업을 원하는 사람들과 접촉하게 됩니다. 이들은 아마도 자신들의 네트워크 마케팅 사업을 운영할 매니저를 고용할 수 있는 만큼 많은 부를 쌓은 사람들일 것입니다. 그러나 네트워크 마케팅이 돈으로 사고파는 사업입니까? 아닙니다. 네트워크 마케팅은 개인의 노력이 주가 되는 사업입니다. 분명한 사실은, 이와 같은 광고를 통해 사업 참여 의지가 있는 사람들을 찾기란 어렵습니다.

3. **구직 사무소** 구직 사무소에 드나드는 사람들은 크게 두 가지 유형으로 분류됩니다.

(1) 직업을 구할 의욕이 없으며 그저 실업 수당에만 관심이 있는 사람들(분명 이러한 사람들에게 사업 기회를 제공함으로써 이들을 화나게 만들고 싶지 않으시겠죠.)

(2) 직업을 구하고 있지만 아직 찾지 못한 사람들. 이러한 사람들은 지금 당장 직업이 필요하지, 몇 달 후에 수입을 올릴 수 있는 네트워크 사업에는 적합지 않습니다. (1번 참조)

4. 취직 에이전시 - 1번 참조

5. 가정 방문 분명 이 방법은 자신을 학대하고 싶은 사람에게는 적합하지만, 대부분의 다른 평범한 사람들에게는 어울리지 않습니다. 또한, 자칫하면 총에 맞거나 돈을 빼앗길 수도 있습니다. 분명 우리는 훌륭한 네트워크 사업자들을 강도에게 희생시킬 이유가 없습니다.

6. DM(Direct Mail) 편지를 보내기만 해도 사람들이 저절로 가입한다면 얼마나 좋겠습니까? 당신은 우편으로 받는 대부분의 정크메일을 어떻게 다루십니까? 편지를 쓰는 것은 시간을 죽이고 맞춤법 및 글씨 연습을 할 수 있는 좋은 기회입니다. 또한 편지 쓰기는 미국 우편 시스템을 재정적으로 돕는 방법이기도 합니다. 그러나 컨택이나 후원의 도구로서의 편지 쓰기는 단지 전문적이고 경험을 갖춘 우편 주문 전문가에게만 유용한 방법입니다. 따라서 이 방법은 소비자 네트워크를 갖추는 데는 거리가 멉니다.

"가정 방문이라는 당신의 제안은 그리 썩 효율적이진 않던데요."

"문제없습니다. 오른팔이 나으면, 아주 훌륭한 DM발송을 통한 후원 계획이 당신을 기다리고 있습니다."

7. 전화 걸기 지금은 목요일 오후 2시입니다. 당신은 지금 막 6개월 된 갓난아이를 겨우 잠재우고는, 당신이 가장 좋아하는 연속극을 보고 있습니다. 연속극에서는 악당의 정체가 막 밝혀지려 하는 순간입니다. 이 때 전화벨이 울립니다. 전화를 건 낯선 사람이 네트워크 사업자 모집을 위해 무작위로 전화를 걸고 있다고 말한다면, 당신은 어떤 태도를 취하겠습니까? 사람들은 이제 전화를 통한 제품판매 시도에 너

무도 익숙해진 나머지, 낯선 사람의 전화에 귀 기울이려 하지 않습니다. 분명 이보다 더 쉬운 방법이 있을 겁니다.

8. 전단 돌리기 네트워크 마케팅에 종사하는 거의 모든 사업자들은, 가망고객들이 전화를 먼저 걸어서는 제발 네트워크 마케팅 사업자가 되게 해달라고 애걸할 정도로 완벽한 광고 문구를 스스로 지었다고 생각합니다. 이런 생각을 하며 아주 당당하게 사업자들은 전단을 벽에 붙이거나 거리 모퉁이에서 사람들에게 나눠주거나 혹은 각 가정의 대문 밑으로 넣습니다. 하지만 사람들이 전단 및 정크메일을 건네줄 때 우리의 일반적인 반응은 어떻습니까? 이 방식이 우리 사업에 호의적인 가망고객들을 찾는 가장 효율적인 방법일까요? 만약 네트워크 마케팅에 대한 완벽한 광고가 존재한다면, 이미 오래 전에 모든 사람들이 컨택되지 않았을까요?

9. 슈퍼마켓 광고판 가망고객들이 과연 슈퍼마켓 광고판을 읽고 **탄탄한 사업 기회**에 관심을 가질까요?

10. 자금 살포 자금이 넉넉하다고 회원 모집이 용이해지는 것은 아닙니다. 이 방식이 진정으로 탄탄한 그룹을 구축하기 위한 것입니까? 그룹의 회원들에게 당신의 제품을 사용하라고 설득하거나, 혹은 그들을 교육시켜 제품을 팔도록 만드는 일은 쉽지 않습니다. 단지 일회적인 단기간의 이익을 위해 많은 노력을 쏟아 부을 필요가 있을까요?

빅 알은 계속해서 말했습니다. "분명 이들 각각의 방법은 약간의 장점이 있네. 만약 자네가 시간이 남아돌면 이러한 방식을 사용해도 나쁠 건 없네. 그러나 **시스템으로부터 벗어나지는 말게.** 어떤 한 사람이 이들 방법을 통해 성공했다 하더라도, 자네 역시 똑같은 방법으로 성공할 수는 없다네."

"한 가지 예를 들어보겠네. 한 컨벤션에서 열일곱 살 먹은 소녀가 일주일 만에 자신의 이웃집들을 가정 방문하면서 천 달러 이상의 제품을 판매하고 몇 명의 다운라인 사업자들을 후원했다고 말했어. 거기 참석한 모든 이들은 이 소녀가 자신의 성공 비결을 그들에게 이야기해 준 것에 매우 기뻐했다네."

"말할 필요도 없이, 이 소녀의 성공담을 그대로 따라한 다른 사업자들은 실패했네. 이 소녀가 언급하지 않은 사실은 그녀의 어머니가 그 작은 도시의 시장이고 많은 자산을 소유하고 있다는 말을 하지 않았던 거지. 따라서 그녀의 세입자들은 이 딸의 말을 들어줘야 했던 거야."

"또 다른 예는 한 젊은이가 교회의 자금 모금을 도우며 동시에 제품 판매를 성공적으로 했다고 자신 있게 말했네. 이 경우 언급되지 않은 사실은 그의 형이 교회 목사여서 교인들에게 이 제품을 사도록 명령했다는 점이지."

"다시 말해, 모든 사실들을 종합해 볼 필요가 있네. 대부분의 경우 이와 같은 비효율적인 방법 뒤에는 뭔가 특별한 여건이 숨어있어. 맹목적으로 이러한 방법들을 따르지 말게. **시스템을 이용하게. 시스템을 모르는 아마추어 사업자들이 마치 자신의 꼬리를 잡으려 뱅뱅 도는 고양이처럼 이들 방법을 비효율적으로 사용하도록 내버려두어서는 안 되네."**

간단한 책자를 통해 가망고객들을 사업에 참여시키는 방법

네트워크 마케팅의 후원 사업에서 대다수의 베테랑 사업자들은 대범하고 여유 있는 접촉 방식을 사용하며, 이를 통해 퇴직 후에도 안정적 생활을 할 수 있을 만큼 많은 돈을 법니다. 이 방법을 사용함으로서 많은 사람들이 동기 부여를 받을 수 있으며 원리 또한 매우 간단합니다.

우선, **"복권에 당첨되지 않고도 부자가 되는 법"**이란 책을 한 권 삽니다. 한 권당 1.50달러 이하의 금액으로 이들 책들을 살 수 있으므로, 넉넉한 부수를 구입하셔도 좋습니다. 이 책에서 제시된 몇 가지 방법을 사용함으로써 누구든 부자가 될 수 있습니다. 다음은 이 책에 제시된 몇 가지 방법입니다.

1. 버는 것보다 적게 쓰고 색다른 곳에 투자하기
2. 직장 이외의 시간제 부업을 통해 수입을 더 올리고 색다른 곳에 투자하기
3. 직장 이외의 시간제 부업을 운영하면서 얻은 수입을 다시 그 일에 투자하기
4. 네트워크 마케팅에서 번 수입을 현재 하고 있는 일에 투자하기

대부분의 독자들은 즉시 이 계획들 중 하나를 이해하고는 이 개념에 대해 매우 만족하게 됩니다. 더 많은 돈을 저축할수록 더 많은 부를 축적하며, 그 결과 빠른 퇴직이 가능하다는 사실을 알게 됩니다. 가망고객들에게 3일간 이 책을 빌려주십시오.

3일 후 이 책을 되돌려 받으러 갔을 때, 가망고객들은 아마도 책 내용에 깊은 감명을 받아 개인적으로 이 책을 소장하고 싶어 할 겁니다. 바로 이 때 다음과 같은 질문을 던지십시오!

"만약 당신이 저축하는 금액의 양을 두, 세 배로 늘릴 방법이 있다면 그 방법을 알고 싶지 않으십니까?" 가망고객들의 반응은 언제나, "당연하죠!" 입니다. 바로 이 질문은 당신이 네트워크 마케팅이 주는 기회에 대한 사업설명을 할 때 아주 유용합니다.

이는 가망고객들로 하여금 네트워크 마케팅 사업에서 수입을 올릴 수 있으며 그 결과 빠른 퇴직 자금 확보가 가능하다는 사실을 알려줄 수 있는 쇼더플랜 전략입니다. 그러면 가망고객들은 진정으로 기뻐하게 될 겁니다. 또한, 이를 통해 가망고객들은 자신들의 재정적 목표에 훨씬 더 빠르게 도달하게 될 겁니다. 예를 들어, 매달 몇 백 달러씩의 시간제 수입은 퇴직 자금에 보태질 것이며 그 결과 가망고객들은 10~20년 내에 퇴직할 수 있게 됩니다.

이 경우 당신은 장기적이고 안전한 파트너와 다운라인 사업자를 얻게 되며, 그와 함께 당신의 사업은 안정성을 확보할 겁니다.

이러한 방식은, 전일제 직업에서 얻는 수입만큼 네트워크 마케팅에서 수입을 올려 빠르게 퇴직하려는 사람과 대조적입니다. 이 사람의 수입이 그의 기대만큼 빠르게 늘어나지 않을 경우, 그는 낙담하고는 금세 네트워크 마케팅을 그만두게 됩니다. 분명 이러한 사람과, 장기적 안목에서 안정적인 수입을 얻기를 희망하는 당신의 그룹과는 차이가 있습니다.

만약 당신이 이 책을 아직 읽지 않았다면, 이 책에서 제시하는 여러 가지 방법들을 섣불리 판단하지 마십시오. 그 방법들은 행동하는 사람들의 탄탄한 그룹 구축에 필요한 가장 강력한 방법이 될 것입니다.

장거리 여행을 통한 후원활동은?

그 다음주, 조는 흥미로운 상황에 맞닥뜨렸습니다. 조의 파트너 사업자 중 가장 전도유망한 이가 자신이 사는 도시에서 90마일 떨어진 지역에 사는 한 뛰어난 가망고객을 물색했습니다. 그 지역까지 자동차로 왕복하는 데 저녁나절이 모두 소요됐기 때문에, 그 날은 다른 약속을 잡을 기회가 없었습니다. 그 가망고객 스스로가 사업에 대해 생각할 시간을 원했음에도 불구하고, 조는 그의 가입을 확신했습니다. 자신의 해당 지역에서 멀리 떨어진 곳에 사는 가망고객을 물색할 시간과 노력의 가치가 있을까요? 차라리 그 시간에 해당 지역에 위치한 서너 명의 예비 사업자들을 위한 사업 설명회를 여는 것이 더 나을까요?

빅 알은 흰 종이 한 장을 꺼내서 숫자를 써넣기 시작했습니다. "한 번 살펴보자. 1마일 당 30센트 비용으로 왕복 180마일을 움직일 때의 비용은 54달러야. 그를 확실히 가입시키기 위해 한 번 더 다녀와야 하니까 54달러를 더 포함해 총경비는 108달러군. 조, 이 108달러로 자네는 이웃에 있는 더많은 사람들을 초대해서 사업설명을 충분히 한 후 그들 중몇 명을 회원으로 컨택할 수 있네. 그리고 저녁에는 집에 돌아가 편히 쉴 수도 있지."

"게다가 후원 활동에 쓰여야 할 두 번의 저녁을 낭비함으로써 잃게 되는 수입을 생각해보게. 다른 지역으로 이동하느라 자네가 만나지 못했던 가망고객들이 얼마나 많은 수입을 안겨줄 수 있는가? 전체 비용 108달러를 들여 만나는 가망고객이 그만큼 가치가 있을까에 대해 고려하게."

"하지만 이것이 전부는 아닐세. 90마일이나 떨어져 있는그 가망고객의 트레이닝을 위해 자네 혹은 자네의 파트너가소비해야 할 시간이 얼마나 될까? 나는 개인적으로 가까운지역에 사는 사람들을 먼저 후원하네. 아마도 자네는 이런속담을 들은 적이 있을 거야. **'남의 떡이 더 커 보인다'** 라는속담을 말일세."

"다른 아마추어 사업자들이 먼 지역에 사는 뛰어난 가망고객을 만나든 아니면 만 마일이나 떨어진 곳의 가망고객을 찾아가든 내버려두게. 아마 자네 그룹의 회원이 된지 얼마 안 되는 신규 사업자들은 시스템을 따르려 하지 않을 걸세. 그들 마음대로 장거리를 왕복하도록 내버려두게. 이미 시스템을 알고 있는 프로 사업자인 자네한테는 자동차 운전보다 훨씬 더 중요한 활동이 기다리고 있을 거야."

시험 질문 : A라는 네트워크 사업자는 알파에 살고 있으며, 새로운 회원 모집을 위해 백마일 떨어진 빔보라는 지역까지 운전해 갑니다. 동시에, B라는 사업자는 빔보에 살고 있으며, 새로운 회원 모집을 위해 알파까지 운전해 옵니다.
질문 : 누가 가장 수입을 많이 올릴까요?
대답 : 엑손[미국의 유명 주유소 이름] 주유소.

제2장

즐거운 사업설명을
위하여

만 개의 사실만큼 가치 있는 하나의 일화

빅 알은 조의 사업설명(쇼더플랜) 기술을 보강하고 있습니다. "사실들을 나열하지 말고, 하나의 일화를 이야기하게. **가망고객이나 초기 사업자들은 나열된 사실들을 까맣게 잊더라도 재미있는 일화들은 반드시 기억하니까.**

또한 일화들은 보다 더 강력하고 많은 동기를 부여하지. 가망고객들은 회원으로 가입하게 하고 초기 사업자들에게는 동기를 부여하고 싶지 않은가? 초등학교 1학년 때 담임 선생님이 들려준 재미있는 이야기를 자네는 아직도 기억할 수 있을 거야. 하지만 고등학교 때 암기했던 사실들의 90%는 아마 잊어버렸을 테지. 이만하면 이해하겠는가?"

그 후 빅 알은 사업설명을 돋보이게 할 수 있는 일화들을 들려주었습니다.

"'열심히'가 아닌 '영리하게' 일하라"

만약 한 대기업의 사장이 연간 백만 달러를 벌고 평범한 노동자가 연간 만 달러를 번다면, 사장이 노동자보다 백 배 더 열심히 일한다는 뜻일까요? 이 사장은 매주 백 배 더 많은 시간을 자신의 일에 투자했을까요? 어느 대기업의 사장도 매주 4백 시간씩 일할 수는 없습니다. 그렇다면, 특정 사람들이 다른 이들보다 더 많은 수입을 올리는 까닭은 무엇입니까?

그들은 열심히 일하는 것이 아니라, 영리하게 일합니다.

이러한 사람들은 보다 더 많은 서비스를 보다 효율적으로 공급하는 방식을 발견했습니다. 즉, 다른 사람들의 생산성을 더 높이는 방식 말입니다. 다시 말해, 이들은 똑같이 할당된 시간 내에 더 많은 가치를 생산하는 방식을 발견했습니다.

누구에게 당신은 더 많은 봉급을 지불할까요? 당신의 제품을 백 달러만큼 파는 사람입니까 아니면 천 달러만큼 파는 사람입니까? 분명한 사실은, 당신은 두 번째 사람에게 열 배가 많은 보수를 지불할 것입니다. 만약 더 많은 수입을 원한다면 더 많은 서비스를 제공해야 합니다. 열심히 일하는 것이 아니라 더 영리하게 일하는 방법을 발견해야 합니다.

만약 1마일 길이의 하수도를 파는데 만 달러를 지불할 용의가 있는 사람이 당신을 고용했다고 가정해 봅시다. 당신이 애용하는 삽을 가지고 땅을 파기 시작할 겁니다. 1년 후하수도가 완성됐습니다. 1마일의 하수도 비용으로 상대는 당신께 만 달러를 지불했습니다. 왜냐하면 당신은 만 달러에 준하는 서비스를 제공했기 때문입니다.

반면, 당신의 친구 역시 이 일을 맡았습니다. 친구는 하수도를 파는 기계를 백 달러에 빌려 하루 만에 하수도 공사를 마쳤습니다. 그의 서비스 역시 만 달러 가치를 가집니다.

그렇다면 누가 열심히 일했고 누가 영리하게 일했습니까?

위의 이야기는 다양한 경우에 사용할 수 있습니다. 예를 들어 이 일화를 사업 설명에 참여하고 있는 가망고객들에게 이야기할 경우, 그들은 타인 밑에서 일하는 것은 열심히 일하는 것이고 자기 자신이 사장이 되어 시간제 사업을 하는 것은 영리하게 일하는 것이란 사실을 인상 깊게 받아들일 겁니다.

또는, 새로운 1단계 다운라인 사업자를 찾는데 온 시간을 다 바치는 신규 사업자에게 이 이야기를 해줄 수 있습니다. 개인적으로 모든 사람을 일일이 컨택하고 후원하는 대신, 이 신규 사업자는 시스템을 이용할 수 있습니다. 시스템 이용 시 그는 개인적으로 몇 명을 후원하지만 결국 그의 그룹에는 몇 백 명의 네트워크 사업자들이 모이게 됩니다. 바로 이것이 영리하게 일하는 방법입니다.

"적절한 교육"

우리의 인생에서 얼마나 많은 시간이 학교에서 쓰이는지
살펴봅시다!

초등, 중학교	9년
고등학교	3년
대학교	4년
	16년

대학 등록금은 연간 만 달러가량입니다. 대학에 가는 이
유는 무엇입니까? 성공하기 위해서 입니다. 하지만 대학에
서 우리가 배우는 영어, 회계, 경영, 엔지니어링, 기타 모든
강의들은 우리들을 누군가의 고용인으로 만들기 위한 과정
들입니다. 우리에게 진정으로 필요한 '전공' 수업인 **성공**에
대해서 우리는 한 과목도 수강할 수 없습니다.

인생의 16년을 소비하고 동시에 대학 등록금만 4만 달러
를 쓰면서도, 성공하는 방법에 대해서는 전혀 배울 수 없습
니다. 그렇다면, 백 달러 비용으로 이틀 동안 성공비법을 배
우는 것이 가치 있는 일이라 생각지 않습니까?

위의 이야기는 자신의 그룹 내에 있는 사업자들에게 더

높은 자기계발 트레이닝을 하도록 동기를 부여할 수 있습니다. 또한 이 이야기는 가망고객들에게도 유용합니다.(아무개 씨, 당신이 16년 동안 4만 달러를 들여 배운 것은 남을 위해 일하는 법입니다. 백 달러와 두 달을 투자하여 당신 스스로가 사장이 되어 성공할 수 있는 비법을 배우지 않으시렵니까?)

"이것이 당신의 기회입니다"

누가 더 많은 돈을 법니까? 한 회사를 소유한 사람입니까, 아니면 그를 위해 일하는 고용인들입니까? 물론 회사 소유주입니다.

아무개 씨! 당신에게는 이제 당신 자신의 사업을 소유할 수 있는 기회가 주어졌습니다. 이 사업에서는 당신이 벌기 원하는 만큼의 금액을 스스로 결정하실 수 있습니다. 누군가의 고용인으로 남아 고용주가 당신의 수입을 결정하도록 내버려두시겠습니까, 아니면 지금 바로 네트워크 마케팅 사업자가 됨으로써 당신 스스로의 사업을 시작하시겠습니까?

위의 이야기를 통해, 가망고객들은 결심을 굳히게 됩니다. 선택 사항이 분명하기 때문에, 시간을 들여 심사숙고할 필요가 없습니다. 가망고객의 결정은 모 아니면 도입니다.

"오피스 매니저"

한 젊은 아이엄마가 가족 부양에 필요한 돈을 충당하기 위해 전일제 직업을 찾고 있습니다. 이를 위해 그녀가 감내해야 할 희생들이 많이 있습니다.

1. 매일 8~10시간씩 집을 비워야 합니다. 따라서 가사일 및 식사 준비에 어려움을 겪을 것입니다.

2. 더 이상 집에서 하루 종일 아이들을 보살필 수 없습니다.

3. 아이들이 성장하는 과정을 옆에서 도와주는 훌륭한 경험을 놓치게 됩니다.

4. 저녁에는 집에 들어와 밀린 가사 일을 해야 하기 때문

에, 가족과 보내는 시간이 적어지게 됩니다.

그러나 이러한 희생의 대가로 그녀는 매달 2천 달러를 벌수 있습니다. 공제 및 세금 등을 제외하면 그녀가 버는 실수입은 얼마일까요?

2천 달러	봉급
- 350	연방 수입세
- 50	주 정부 수입세
- 120	사회 보장
- 270	중고차 할부금
- 60	중고차 보험 할부금
- 50	중고차 유지비
- 130	출퇴근 기름 값
- 320	탁아소비
- 60	미장원
- 100	필요한 외출복
- 80	보험 공제 및 사무실 잡비
- 100	식대
310 달러	**생활비**로 남는 돈

결국 시간당 2달러 이하를 벌게 됩니다. 겨우 이 금액을 벌기 위해 매달 22일 동안 가족과 떨어져 지내는 것은 물론, 출장 시간을 제외한 매달 176시간을 일터에서 보낼 가치가 있을까요? 만약 가능하다면 이 젊은 아이엄마는 가정주부로 남아있는 것이 더 낫지 않을까요?

제가 제시하는 이 기회를 붙잡기만 한다면, 집에서 매주 몇 시간만 일해도 손쉽게 310달러를 벌 수 있습니다. 이는 손쉬울 뿐 아니라, 보다 이윤이 많이 남는 동시에 재미도 있습니다. 또한 당신의 가족과 함께 많은 시간을 보내실 수 있습니다!

　위의 이야기는 가족과 보내는 시간의 가치를 사람들에게 인식시키는 데 유용합니다.

조개 이야기

진주채취 전문가인 당신이 지금 바다 옆의 제방에 앉아있다고 가정해 봅시다. 매 시간마다 제가 당신에게 백 개의 조개를 건네줍니다. 이들 백 개의 조개 중 다섯 개가 진주를 품고 있으며, 나머지 95개는 비어있습니다.

전문가인 당신은 첫 번째 조개를 꺼내 입을 열어보고는 비어있음을 확인합니다. 그런 후 조개의 입을 조심스럽게 다시 닫고는 손바닥 사이에 넣어 조개를 따뜻하게 만듭니다. 그리고는 며칠 동안 그 자세로 앉아 이 조개가 진주를 품도록 기도합니다. 당신이라면 이렇게 하시겠습니까?

물론 아닙니다. 빈 조개는 던져버리고 다른 조개들을 찾아볼 겁니다. 그래야 진주가 든 조개를 찾을 수 있으니까요.

하지만 대부분의 사업자들은 그들의 친구 및 소위 "자질을 갖춘 가망고객들"을 빈 조개처럼 다룹니다. 또 다른 자질을 갖춘 가망고객을 찾는 대신, 그들은 몇 주를 들여 똑같은 상대에게 부탁하고, 모임에 초대하고, 애원하며 그들이 가입하기를 희망합니다. 이러한 사업자들은 똑같은 상대를 17번 이상 OM(오픈미팅)에 초대할 것입니다! 이들은 힌트를 얻지 못합니다. 이들 역시 너무 오랫동안 "빈 조개"에 매달리고 있습니다.

진정한 컨택과 후원활동의 비결은 사람들을 확신시키는 것이 아니라 사람들을 가려내는 것입니다. 똑같은 "빈 조개들"에만 매달릴 경우 당신은 지치고 낙담하게 될 겁니다. 경험이 풍부한 사업자라면 제대로 된 네트워크 사업자가 되기를 희망하는 사람을 찾을 때까지 가망고객들을 물색하는 작업을 꾸준히 해야 합니다. 일하기를 희망하는 가망고객을 찾는 것은, 의지도 없고 관심도 없는 가망고객을 회원으로 가입하도록 만드는 것보다 분명 손쉬운 일입니다.

독수리와 굴

한 번은 두 개의 알이 서로 모여, 자신들이 부화하면 무엇이 되고 싶은지에 대해 이야기했습니다. 첫 번째 알이 말하기를 "나는 부화하면 굴이 되고 싶어. 굴은 물 속에 앉아 있기만 하면 되잖아. 결심을 하고 실행할 필요도 없어. 파도가 굴을 움직여줄 테니까, 아무런 계획도 필요 없어. 주위를 둘러싼 바닷물이 굴의 양식이야. 바다가 제공하는 것이 바로 굴이 얻는 것이지. 그 이상도 그 이하도 아냐. 바로 이것이 내가 원하는 인생이야. 분명 한계가 있는 삶이겠지만, 결심도 책임도 필요 없는, 그저 바다에 의해 조정되는 단순한 존

재야."

두 번째 알이 말했습니다. "난 그런 식의 삶은 싫어. 나는 독수리가 되었으면 좋겠어. 독수리는 자신이 원한다면 언제든 가고 싶은 곳에 자유롭게 갈 수 있잖아. 분명 독수리는 자신의 식량을 사냥하고 살아남기 위한 결정들을 내릴 책임이 있겠지만, 그래도 산만큼 높이 날 수 있는 자유를 가지고 있어. 독수리는 다른 사람에 의해서 조정되지 않아. 나는 인생에 어떠한 한계가 있다는 사실을 인정할 수 없어. 바다에서 노예가 되고 싶지 않아. 따라서 난 독수리의 삶을 살기 위해 요구되는 어떠한 노력도 감수할거야."

독수리와 굴 중 당신은 무엇이 되고 싶습니까?

위의 이야기는 자신의 처지에 만족하는 소극적인 가망고객이나 신규 사업자들에게 효과가 있습니다. 이 이야기의 목적은, 다른 사람들이 스스로의 길을 개척할 때 자신은 빵부스러기나 먹고 있는 불행한 현실을 깨우치는 것이며, 이를 통해 소극적인 사람들이 스스로의 운명을 개척하도록 동기를 부여합니다.

"최고의 투자"

"당신은 흡연을 하십니까? 만약 담배를 피신다면, 하루에 한 갑씩 일주일에 20달러가 소요됩니다. 커피를 마십니까?

하루 두 컵의 커피를 위해 매주 20달러씩 지출해야 합니다. 하지만 담배를 피우고 커피를 마시는 것은 후원 활동에 전혀 도움이 되지 않습니다."

"12.95달러를 투자해 이 책을 구입하시면, 곧 많은 다운라인들을 모집할 수 있습니다. 계산적으로 생각해 볼 때, 성공이 보장된 시스템 구입이 커피 비용보다 싸다면 훨씬 더 이익이 아닙니까?"

당신의 파트너 사업자들이나 다운라인들이 시스템을 사용하길 원치 않으십니까?

> 사실을 말하는 것은 나열에 불과하다
> 그러나 일화를 말하면 돈을 벌 수 있다.

딸기밭이여 영원하라

사업설명의 가장 기본이 되는 것은 가망고객이 이해할 수 있는 단어 및 개념을 사용하는 것입니다. 지적인 세일즈맨이 고난이 기술용어를 사용해 듣는 이를 설득하는 걸 본 적이 있으십니까? 이러한 용어는 듣기에는 좋지만, 대개의 경우 듣는 이는 제품 구매를 하지 않습니다. 그 이유는 전체적인 내용을 이해하지 못했기 때문입니다.

만약 당신의 사업설명 중 일부가 명확하지 않을 경우, 가망고객의 자연스런 경향은 "이해하지 못한 것에 대한 두려움" 때문에 결정을 유보하게 됩니다.

가망고객들의 관점에서 볼 때 네트워크 마케팅에서 흔히

쓰이는 단어들은 다음과 같이 들립니다. (괄호 안의 내용은
가망고객의 해석입니다)

- **다운라인** (나중에 발생할 사건)
- **POINT** (화장품의 일종 혹은 신용카드를 사용할 때 붙는
  적립금)
- **VOLUME** (오디오 플레이어를 들을 때 소리의 양을
  조절하는 스위치)
- **브레이크 어웨이** ‖ Breakaway
  (다른 일을 찾아 네트워크 마케팅 사업을 그만두는 행위)
- **스폰서** (해외의 굶주린 어린이들에게 기부하는 사람)
- **보너스** (크리스마스에 회사 직원들에게 나누어주는 칠면조)
- **디스트리뷰터** (부서지면 차가 움직이지 않는 자동차 부품)
- **도매상인** ‖ Wholesaler (도시 건너편에 있는 육류 포장 공장)
- **오버 라이드** ‖ overrides (자동차 오토에 설치된 네 번째 기어)
- **IBO** (어디서 들어본 듯 안 들어본 듯한 수많은 국제
  기구중의 하나)

이들은 사업설명 자리에서 쉽게 사용될 수 있는 단어입
니다. 하지만, 이들 각각에 대한 적절한 설명이 필수적이며,
동시에 가망고객들은 이들 단어의 진정한 뜻을 이해하기 어
렵다는 사실을 염두에 두십시오. 만약 재미있는 일을 원한
다면, 그룹 OM(오픈미팅)에 참석하셔서 연설자의 은어에
귀 기울여 보십시오. 그리고 연설장에 앉아 있는 가망고객
들의 멍청한 눈빛을 바라보십시오. 아마 당신만이 이러한

장면을 재미있어 하겠지만, 적어도 의사소통이 얼마나 엉망으로 이루어질 수 있는가를 체험하게 될 겁니다.

물론, 이들 모두는 우리를 딸기 이야기로 이끕니다. 딸기 이야기는 첫 사업설명 시 편하게 응용할 수 있는 이야기입니다.

딸기 이야기는 네트워크 마케팅 사업을 가망고객에게 안내하는 훌륭한 방법입니다. 대개의 경우 가망고객들은 네트워크 마케팅의 합법성 등의 이유를 들어 가입을 꺼립니다. 하지만 딸기 이야기를 통해, 가망고객들은 경계심을 푸는 동시에 일반 소매유통 시스템에 대한 대안으로써 네트워크 마케팅을 이해하게 됩니다.

딸기 이야기

동네 슈퍼마켓에서 딸기를 구입한다고 가정해 봅시다. 딸기가 어떻게 여기까지 유통되었을까요?

첫째, 기존의 유통방식에 대한 이야기입니다. 딸기는 캘리포니아에 있는 작은 농장에서 재배되고 수확되어 그 지역 농협에 판매됐습니다. 그 후 농협은 전국적 규모의 유통업체에게 이 딸기를 다시 판매했습니다. 전국적 유통업체는 딸기를 각 지역의 도매상들에게 판매하고, 도매상들은 이를 다시 지역 중매인(jobbers)들에게 판매합니다. 지역 중매인들은 딸기를 각 지역의 농수산물 연쇄점을 위한 대규모 저장 시설에 판매하고, 각 연쇄점들은 지역 소매상인들에게 딸기를 유통시킵니다. 그 결과, 딸기 가격은 고용인 봉급, 임대비, 광고, 보험, 각종 시설비, 제품 운반비 등의 간접비가 더해져 원래 가격의 30~40%이상 증가합니다.

이러한 과정에 참여하는 각각의 사람들은 이윤을 얻어야 하므로 이들에게 간접비가 지불됩니다. 따라서 딸기가 딸기

밭에서 25센트 가격으로 판매된다면, 소매상점의 최종 가격은 1달러입니다. 바로 이것이 소매유통 판매 방법입니다.

이러한 유통 방식을 개선할 수 있을만한 대안이 있습니다. 그것은 바로 네트워크 마케팅입니다. 농부들(혹은 공장주들)이 딸기를 직접 네트워크 마케팅 회사에 판매합니다. 네트워크 마케팅 회사는 딸기를 도매가격에 네트워크 사업자들에게 직접 판매합니다. 이 경우, 네트워크 사업자들은 도매가격으로 구입한 딸기를 개인적 용도로 사용하거나, 혹은 소매상점에 소매가격으로 판매할 수 있습니다. 이는 보다 직접적인 제품판매 형식입니다. 중간상인들에게 지불할 이윤을 모두 삭감함으로써, 네트워크 마케팅 회사는 남는 만큼의 이윤을 보너스 형식으로 사업자들에게 재분배합니다.

보너스는 이런 방식으로 실행됩니다. 만약 지역 슈퍼마켓에서 딸기를 구입한 후 그 맛이 너무 좋다고 이웃들에게 알려줬다면, 지역 슈퍼마켓은 당신의 입소문(word-of-mouth) 광고에 힘입어 많은 양의 딸기를 추가 판매할 수 있습니다.

당신의 광고에 대한 감사의 표시로, 슈퍼마켓은 다음날 입소문 광고 보너스를 당신께 보낼 겁니다. 하지만 이건 절대 일어날 것 같지 않은 일이군요. 슈퍼마켓은 이미 지역 신문에 광고비용을 지불했기 때문에, 당신에게 돌아갈 보너스는 없습니다.

그러나 네트워크 마케팅은 전혀 다릅니다!

만약 네트워크 마케팅 회사로부터 도매가격에 구입한 딸기가 매우 품질이 좋을 경우, 이웃들에게 딸기 광고를 하십시오. 그러면 당신의 이웃도 네트워크 사업자가 되어 당신이 일하는 네트워크 마케팅 회사로부터 도매가격에 딸기를 구입할 겁니다. 이 경우, 당신은 보너스를 얻게 됩니다! 네트워크 마케팅 회사는 판매 증대를 야기한 당신의 노력에 대해 감사의 마음으로 보너스를 지불합니다.

바로 이러한 이유로 많은 사람들이 네트워크 마케팅에 참여합니다. 자연스런 행동을 통해(많은 정보들을 이웃과 나누는 행동, 이웃들과 나누는 입담) 보너스를 얻습니다. 사람들이 네트워크 마케팅의 엄청난 장점을 알게 된다면 소매상점들은 살아남기 힘들 겁니다. 만약 당신이 고품질 딸기에 대해 이웃에게 선전할 경우, 당신은 다음 중 어느 것을 더 선호하십니까?

네트워크 마케팅 회사로부터 보너스를 받겠습니까, 혹은 지역 소매상점으로부터 아무것도 받지 못하시겠습니까?

선택은 분명합니다! 네트워크 마케팅은 우리 모두를 위한 더 나은 유통 방식입니다.

사업설명 시작 전에 기선잡기 -
시작하기 전에 마무리하기

세일즈맨들은 판매를 위한 제품 설명을 할 때 늘 소비자들과 심리전을 치릅니다. 세일즈맨은 상대가 제품을 구입해야 하는 이유를 끊임없이 나열합니다. 만약 소비자들이 제품의 결함을 찾지 못했을 경우, 세일즈맨의 설명이 끝났을 때 아무런 저항도 하지 못합니다. 그러므로 소비자들은 주로 구입 기피의 이유에 집중해야 하고, 세일즈맨이 제시하는 요구 사항들을 피해야 하며, 세일즈맨이 물품 판매를 위해 사용하는 수법에 대항해 자신을 지켜야 합니다.

이러한 모든 문제를 생각하기 바쁜 소비자들은 제품을 구입해야 하는 적절한 이유에 대해 귀 기울이거나 혹은 충분히 고려할 시간이 없습니다. 소비자들과 세일즈맨이 제대로 대화하기란 결코 쉬운 일이 아닙니다.

이와 같은 보편적인 제품이나 사업설명의 문제는 네트워

크 마케팅 사업에서도 적용되곤 합니다. 이에 대한 해결책은 간단합니다. 단순히 다음과 같이 말함으로써 가망고객이 편안함을 느끼게 하십시오!

1. 사업설명을 듣고 난 후 대부분의 사람들이 이 사업에 호의적이라는 사실

2. 이 사업을 시작하기 위해 요구되는 노력

3. 다른 사람들이 얘기하기 좋아하는 이 사업을 하지 말아야 하는 이유

4. 이 사업에 대한 사업설명은 사실로만 구성돼 있으며, 나머지는 가망고객의 결심에 달려있다는 점

비결은 사업설명을 **하기 전에** 이 네 가지 사항들을 가망고객에게 말씀하셔야 합니다.

다음은 위의 기술에 대한 두 가지 예입니다.

(예 1) 아무개 씨, 저와 대화하는 대부분의 사람들은 에이비 네트워크 마케팅에 가입합니다. 그 이유는 이 사업을 통해 수입을 증대시킬 수 있다는 사실을 많은 이들이 깨닫기 때문입니다. 이 사업에 참여하는 초기 비용은 단지 자신이 필요한 제품을 구입하는 것에 불과합니다. 이 가격은 신문 광고 비용보다 값싼 겁니다. 사실 사람들이 가입하지 않는

두 가지 이유는 다음과 같습니다. 첫째, 사람들은 이 사업에 대해 제대로 이해하지 못합니다. 둘째, 어려운 자금난을 겪고 있기 때문에 당장 제품구입비를 마련하기가 쉽지 않습니다. 이 사업이 제공하는 기회에 대한 기본적인 사실들을 설명하는 것이 저의 직업입니다. 당신이 원하신다면 지금 당장 시작해 보죠. 만약 원하지 않으신다면, 그것도 좋습니다. 이만하면 공평하지 않습니까?

(예 2) 아무개 씨, 대부분의 사람들은 우리 에이비 회사를 매우 좋아합니다. 사람들은 자신들의 친구에게 끝없이 회사 자랑을 하죠. 가입비는 전혀 없습니다. 한 달 동안 매일 1~2시간씩만 이 사업에 투자하는 노력만 있으면 됩니다. 겨우 교통비는 들겠지요. 이 비용은 담뱃값보다 훨씬 저렴합니다. 당신도 아시다시피, 사람들이 에이비 제품을 구입하지 않는 유일한 이유는 이 시스템의 훌륭한 효능에 대해 믿지 못하기 때문이거나, 혹은 예산에서 교통비를 지출하기가 어렵기 때문입니다. 어쨌든 이 시스템의 성능에 대해 설명하겠습니다. 만약 제품이 마음에 드신다면, 하나 구입하셔서 아내를 기쁘게 해드리세요. 만약 마음에 들지 않는다면, 그것도 괜찮습니다. 이만하면 공평하지 않습니까?

이와 같은 간단한 4단계 방법을 사업설명을 하기 **이전에** 사용함으로써, 당신은 당신의 사업설명을 매우 효율적으로 마무리할 수 있습니다. 다음은 이 방법이 가망고객들에게 그토록 효과가 좋은 이유입니다.

1. 당신은 대부분의 사람들이 당신의 제품을 구입하거나 혹은 이 사업에 참여한다고 가망고객에게 말했습니다. 그렇다고 가망고객은 덥석 이 제품을 사용하거나 혹은 사업에 참여하지 않을 겁니다. 그가 알고 싶은 것은 다른 사람들이 제품 구입이나 사업 참여에 관한 결정을 어떻게 했는지 여부입니다. 대부분의 사람들이 당신의 이야기를 듣고 사업을 시작했다면, 가망고객의 자연적인 경향 역시 대중에 편승하는 것입니다.

2. 가망고객들이 쉽게 대면하는 대부분의 "세일즈맨"과 달리, 당신은 사업에 들어가는 노력의 전부를 가망고객에게 알려주었습니다. 세일즈맨들은 일반적으로 제품의 비용이나 소비자들의 수고스러운 노력을 숨기다가 설명의 마지막에 이야기합니다. 이 경우, 사업설명 내내 가망고객들은 비용에 대한 걱정을 하게 됩니다. 이 사업에서 필요로 하는 비용이나 노력을 먼저 알림으로써, 가망고객의 마음은 이제 평온해지며 그 결과 네트워크 마케팅에 대한 설명과 제품의 특징에 대해 귀 기울이게 될 겁니다.

3. 처음부터 총 비용과 들어가는 노력을 말함으로써, 당신은 이제 가망고객의 신뢰와 믿음을 얻었습니다. 가망고객은 정보를 숨기고 각종 수법을 사용하는 세일즈맨이 아닌 정직한 독립적 자영 사업자로서의 당신의 면모를 높이 살 겁니다. 당신이 제시한 노력의 양이 "놀라울 정도로 높아도" 가망고객은 그러한 노력이 필요한 이유가 무엇인지 알기 위해 이 사업에 대한 설명을 들을 겁니다.

4. 이 방법을 통해 당신은 "강제적으로 압력을 주면서 사업에 동참하라."라고 하는 태도 대신 "비강제적이고 편견이 없으며 대범한" 태도를 가지게 될 겁니다. 강제로 사업에 참여하도록 종용하는 것이 아니라는 걸 깨달은 순간, 가망고객의 적대감은 차츰 누그러질 것입니다. 조치를 잘 취하기만 한다면, 이 대범한 태도는 가망고객에게 동기 부여를 제공하여 스스로 가입신청서에 사인을 하고 사업을 시작하게 할 수 있습니다. 이제 그 가망고객은 네트워크 마케팅 사업자가 되는 겁니다.

5. 사람들이 흔히 이야기하는 이 사업을 시작할 수 없는 "이유"들을 제시함으로써, 당신은 강제적 압력을 덜어낼 수 있습니다. 굳이 사업에 동참하지 않아도 된다면 가망고객은 당신과 싸우지 않을 겁니다. 왜냐하면 가망고객들은 자기들이 사업에 참여하지 않을 경우 그 이유들을 당신이 이미 알

고 있다는 사실에 안도감을 느끼기 때문입니다. 이와 같은 두려움을 제거함으로써, 가망고객들은 당신이 설명하는 이 사업의 특징 및 장점에 대해 보다 집중하게 됩니다.

6. 만약 당신이 적절한 계획을 가지고 있다면, 이 사업을 시작하지 않았던 "이유들"은 역설적으로 사람들이 우리 네트워크 마케팅 사업에 뛰어들게 만듭니다. 위의 두 예에서 알 수 있듯, 당신은 가망고객들에게 다음과 같이 간접적으로 말한 셈입니다. "이 사업을 이해하지 못하거나 혹은 지나치게 가난하지만 않다면 모든 사람들이 이 사업을 시작하고 싶어 하며 실제로 참여하고 있습니다." 또한 이를 통해 사업설명 말미에 가망고객들의 저항 및 반대를 사전 봉쇄할 수 있습니다. 이 사업의 특징을 대강 알고 있는 가망고객은 반드시 더 많은 정보를 원할 것입니다.

7. 사업을 꼭 시작하지 않아도 상관없다는 사실을 가망고객에게 인지시킴으로써, 가망고객들은 무언의 압력에서 벗어나게 됩니다. 하지만 "이만하면 공평합니까?" 라는 당신의 질문에 동의함으로써, 가망고객들은 바로 지금 결정을 하게 됩니다. 이 방법이 적절히 사용될 경우, "생각할 시간이 필요합니다." 등의 반대를 미연에 방지할 수 있습니다.

사업설명을 성공적으로 하는 법

"사업설명을 성공적으로 이끌기 위해서는 사업설명의 기술적 내용을 암기하는 것만으로는 부족하네."라고 빅 알은 말했습니다. "뛰어난 사업설명의 원리 및 심리학을 잘 이해해야 하네."

"이를 위해 우선 다른 이들이 하는 사업설명을 한 번 유심히 살펴보세. 분명히 우리는 둘이서 한 팀이 되는(two-to-one) 사업설명에 참석할 수 없으니, 다른 그룹의 리더가 하는 비즈니스 OM(오픈미팅)에 참석하세. 자신감에 차 있고, 대중 앞에서 연설할 수 있으며, 약간의 성공을 거뒀고, 일반적으로 상위 5%안에 드는 사람의 세미나를 경청할 필요가 있어."

월요일 밤 빅 알과 조는 다른 그룹의 OM에 참석했습니다. 이들 둘은 제일 끝자리에 앉아 연설자와 청중의 반응 모두를 체크해 메모했습니다.

그들이 이 미팅을 선택한 이유는 이 미팅이 흥미진진하

며 이 그룹의 OM중에서 최고라는 소문을 들었기 때문입니다. 이들은 손에 메모장을 들고 미팅이 시작하기를 참을성 있게 기다렸습니다. 늦게 온 사람들을 위해, 미팅은 예정보다 35분 늦게 시작했습니다. 빅 알에 따르면, 예정보다 늦은 시작은 제 시간에 도착한 사람들에게는 고문인 반면 게으른 사람들에게는 횡재입니다. 드디어 미팅이 시작되었습니다.

처음의 연설자는 자기소개를 한 후 곧바로 스스로가 얼마나 훌륭한 사람인지를 말하기 시작했습니다. 스스로 승리자라고 생각하기 때문에, 그는 자신이 이 세상 모든 이들의 상위 5%안에 드는 사람이라고 말했습니다. 분명히 이 말을 뒤집어 말한다면, 청중들은 현재 이 그룹의 회원이 아니기 때문에 패배자이며, 따라서 그들의 사고방식은 변화되어야 합니다.

연설자의 그룹 = 세계에서 가장 뛰어난 그룹!!
연설자인 나 = 세계에서 가장 뛰어난 네트워크 사업자!!
그러므로 당신 = 조용히 하고 내 말이나 잘 들어!!

청중들은 재정적으로 도살되기 위한 양떼라는 사실을 20분 내내 설명한 후, 연설자는 최종적으로 회사의 명칭과 훌륭한 창립자에 대해 이야기하기 시작했습니다.

한 창립자는 통나무집에서 자랐으며 계속되는 실패를 거

듭했습니다. 초인적인 노력을 통해 그는 이러한 어려움을 극복하고 고유한 인생철학을 개발할 수 있었습니다. 이 철학은 회사의 기본 강령이 되었으며, 회사가 존재하는 유일한 이유는 이 훌륭한 지식을 다른 이들과 함께 나누기 위해서입니다. 이 회사는 이윤을 얻기 위해서가 아니라 미국인들의 사고방식을 변화시키기 위해 존재합니다.

그 후 연설자는 창립자의 조상에 관해 10분 동안 아주 자세한 설명을 곁들인 후 창립자의 학력을 열거했습니다. 고대 유적 및 문화를 둘러본 긴 여행, 고대 문자에 대한 창립자의 놀라운 지식, 그의 고도로 발달된 기술 등이 인용됐습니다.

청중 중의 한 여성이 일어서서는 눈에 눈물을 머금고 박수를 힘껏 치며, 이 회사 제품들이 자신의 인생을 어떻게 변화시켰는지를 설명했습니다. 어쨌든 이 여성 때문에 청중은 밀려드는 졸음을 쫓을 수 있었습니다.

15분을 창립자 찬사에 바친 후, 연설자는 현재 그의 그룹에 속해있는 네트워크 사업자들을 연설장 앞으로 불러 제품 설명 및 경험 나누기를 부탁했습니다.

첫 번째 사업자가 말하길, 그는 아직 네트워크 사업자가 된지 얼마 되지 않아 제품을 사용해 본 적이 없지만 제품을 매일 42알씩 복용한 후 1주일 만에 암, 동맥 경화증, 노화현

상을 치료한 사람을 알고 있습니다.

두 번째 사업자는 자기 그룹의 신 유통 개념을 통해 몇 주 내로 백만장자가 될 수 있다고 말했습니다. 사실, 우리 같은 사업자들은 제품을 애용할 필요가 없습니다. 당신이 할 일은 다른 사람들을 포섭해 우리의 제품을 구입하게 만든 후 부자가 되는 겁니다. 청중 가운데 몇 명이 요란하게 박수를 치면서 "바로 그거야!"라고 소리쳤습니다.

세 번째 사업자는 자사 제품의 맛이 떨어지지만 어쨌든 건강에 좋으니까 맛은 별 문제가 되지 않는다고 말했습니다. 이 때 청중의 몇 명은 시계를 보거나 조용하게 뒷문으로 빠져나갔습니다.

네 번째 사업자는 자신의 개인 체험을 이야기했습니다. 그는 눈멀고, 귀먹고, 절름발이였으며, 이 회사의 건강식품을 마시기 전까지 거의 죽기 일보 직전이었습니다. 2주 동안 이 건강식품을 복용한 후 그는 완치됐으며 최근 올림픽 마라톤에 나갈 자격도 얻었습니다. 두 명의 "현실적 타입"의 청중이 도저히 믿을 수 없다는 표정을 지으며, "도대체 이게 뭐요?"라는 표정으로 그들의 미래 스폰서를 바라보았습니다. 그 후 이 사업자는 청중에게 자기 그룹의 주제곡을 함께 부르자고 제안했습니다.

마지막으로, 두 번째 연설자가 보상 플랜을 설명했습니

다. 90분 동안 이 연설자는 신빙성이 떨어지는 정보를 나열했지만, 청중들은 그나마 진지한 내용이라고 안도했습니다. 하지만, 몇 명의 청중이 다른 약속 혹은 자녀 돌보기 등의 문제로 자리를 떴습니다. 나머지 청중들만이 이 회사의 보상 플랜에 대한 이야기를 들었습니다.

첫째, 상위 레벨에 도달하면 자동적으로 능력 있는 고문 카운슬러가 될 수 있습니다. "포인트"를 축적할 경우, 누구든 4~6%의 트레이닝 보너스를 받을 수 있습니다. 다만 이 보너스 기간은 일정치 않으며, 보너스를 제공하는 각각의 사업자들 역시 자질이 결여된 사람들입니다.

자신이 속한 그룹의 "포인트"의 60%에 달하는 소비 실적을 달성할 경우, 단 한 번의 판매를 통해 70%의 보너스를 받을 수 있을 정도의 레벨로 올라설 수 있습니다. 하지만 오늘 세미나의 경우는 이와는 완전히 다른 종류의 것입니다. 오늘과 같은 경우 대규모 컨벤션이 진행되는 와중이기 때문에 자질이 갖춰지지 않은 사업자로서 이 프로그램에 참여한 후 그룹만의 독특한 "일반적이고 직접적인 관리계획"을 거쳐 자질을 어느 정도 갖춘 사업자가 되는 것입니다. 컨벤션이 오늘 끝나기 때문에 가입 여부에 대한 약정을 오늘 밤 당장 내려야 합니다.

30분 동안 이 회사의 희한한 보상플랜에 대한 이야기를 자세히 설명한 후 연설자는 연설장 앞에 앉아있는 사람을 초빙해 그의 개인적 이야기를 들었습니다.

10분 후, 이 연설자는 그가 설명하는 것을 완전히 혼동하기 시작했기 때문에 미팅을 서둘러 끝내고 마지막까지 남아서 자신의 연설을 들어준 사업자들에게 감사를 전했습니다. 남아있던 몇 명의 사업자들은 정말 훌륭한 미팅이었다고 말하면서 미소를 머금고는, 다음의 훌륭한 미팅에 필요한 전략 토의를 위해 근처의 술집으로 갔습니다.

비효율적인 사업설명에 대한 해결책

빅 알과 조는 커피숍에 앉아, 방금 참석한 두 시간 길이의 OM에 대해 토론했습니다. "정말 끝내주는데요!"라고 조가 말했습니다. "제가 참석했던 사업 설명회 자리 중 이보다 더 비조직적이고 비전문적인 것은 본 적이 없습니다. 역겨 워해야 할지 아니면 웃어야 할지를 모르겠어요. 그 미팅에 서 가장 영리한 사람들은 초대 손님들이었습니다. 적어도 이 손님들은 사업설명 중간에 자리를 뜨는 상식을 가지고 있었잖아요. 네트워크 마케팅에서 경쟁이 이루어지지 않는 이유를 알 것 같아요. 기본 사항들에 대해 약간의 시간만 들여 배우면 누구나 저 사람들보다 잘 할 수 있을 테니까요."

빅 알은 고개를 끄덕여 동의했습니다. "조, 내가 하는 사업설명을 자네는 많이 지켜봤고, 또 자네 그룹과 함께 수많은 사업설명과 세미나 미팅 자리를 가졌을 거야. 자네는 나의 기본적인 사업설명 방법을 그대로 모방했지만, 이제는 왜 우리가 그와 같은 방식으로 사업설명 순서를 구성했는가에 대해 배울 시간이네."

"자네도 알다시피 우리의 사업설명은 단지 25~30분 길이야. 이 시간 동안, 우리는 가망고객에게 네트워크 마케팅 사업에의 참여 여부를 현명하게 결정하는 데 필요한 핵심 정보들을 모두 전달할 수 있어. 우리의 사업설명은 다섯 가지의 핵심 주제로 이루어져 있지. 각각의 핵심 주제는 모든 가망고객들이 참여 여부를 결정할 때 질문하는 다섯 가지의 핵심 질문에 대한 대답일세. 이들을 한 번 살펴본다면 자네는 전문적인 네트워크 마케팅 비즈니스 쇼더플랜을 보다 더 잘 이해하게 될 걸세."

주제 1 : 사업 분야

사업설명에 참여하고 있는 가망고객들은 현재 우리가 하는 사업이 어떤 종류인지 알고 싶어 합니다. 사람들은 특정 사업, 예를 들어 보험 혹은 부동산을 피하려는 경향이 있습니다. 가망고객들의 첫 질문에 대해 우리는 매우 쉽게 대답할 수 있습니다. 이 사업은 "네트워크 마케팅" 혹은 "네트워크 마케팅 사업"이라고 대답하면 됩니다. 세상에는 두 가지 종류의 가망고객들이 있습니다. 네트워크 마케팅을 이해하는 사람들과 그렇지 못한 사람들입니다.

네트워크 마케팅을 잘 알고 있는 사람들의 경우, 그들의 질문에 대답한 후 재빨리 두 번째 주제로 넘어갈 수 있습니다. 네트워크 마케팅을 이해하지 못하는 사람들에게는 딸기 이야기를 해주면 됩니다. 이 이야기는 네트워크 마케팅의 기본적인 개념을 잘 설명해주며, 그 결과 가망고객들은 제품 및 서비스를 대중에게 전달하는 이러한 대체 방식에 대해 편안함을 느끼게 됩니다. 분명 우리는 가망고객들이 긴장을 풀고 편안하게 이야기를 듣기 원합니다.

사업설명 중 첫 번째 주제에 대한 이야기는 길어야 3~4분을 넘지 않아야 합니다.

주제 2 : 회사

완벽한 회계 감사, 중역들이 사용하는 화장실의 넓이, 회사 창립자의 어머니 이야기, 제품의 질을 조절하는 책임자의 자격증명서 종류, 혹은 배송 및 우편 취급실에서 사용되는 종이의 질 같은 사항들에 대해 가망고객들은 아무런 관심이 없습니다. 그가 진짜로 알고 싶어 하는 것은 회사의 이름, 경영진의 경험 여부, 회사가 성장하고 있으며 미래에 대한 뛰어난 계획이 있는가의 여부 등입니다. 다시 말해, 회사 사람들이 좋은 사람들인가 아니면 나쁜 사람들인가를 알고 싶어합니다.

많은 사업설명 자리에서의 경우 지나치게 많은 통계수치를 가망고객들에게 제시합니다. 이러한 통계는 그들이 후에 트레이닝 단계에 도달했을 때 사용하는 것입니다. 현 단계에서 중요한 것은 가망고객이 이 사업에 참여하는가의 문제입니다. 그들은 회사의 전체적인 역사가 아닌 단지 몇 가지 사실들 만에 관심이 있습니다. 가망고객들의 회사관련 질문에 대해 일반적으로 약 1분 길이의 대답을 준비하십시오.

주제 3 : 제품

대개의 경우, 새로 가입한 신규 가입자는 가망고객들이 알기 원하는 사실들이 아닌, 바로 자신이 흥미를 느끼는 사실만을 가망고객에게 말하기 마련입니다. 신규 사업자들이 사업에 가입할 경우 대개 이들은 제품에 너무도 매력을 느낀 나머지 가망고객들에게 모든 자세한 사항들, 예를 들어 모든 종류의 제품사용 사례, 테스트 수치 결과, 그의 회사가 다루는 모든 각각의 제품의 모든 특징들을 이야기합니다.

이와 같은 제품에 대한 설명은 몇 시간으로도 모자라며, 그런 자세한 설명을 듣던 사람들은 도망가거나, 아니면 그럴 에너지가 없으면 잠에 빠질 겁니다.

가망고객들이 진정으로 알기 원하는 것은 "이 제품에 대한 시장이 존재합니까? 제품들이 팔릴까요?" 입니다. 제품에 대한 전체 설명 내용은 가격, 질, 제품 테스트 결과보다는 사람들이 어떻게 이 제품을 이용하고 마음에 들어 하는지에 그 초점을 맞춰야 합니다! 가망고객들의 질문에 대답을 해야 합니다. 물론 그 외의 요소들 역시 중요하지만, 경험이 풍부한 사업자라면 이 사업 기회가 자신에게 맞는지를 가망고객 스스로 결정하도록 돕는 질문에만 대답합니다.

제품 설명은 약 5~8 분이 소요돼야 합니다. 제품 트레이닝 워크숍 전체가 아니라, 개별 제품 혹은 제품 라인에 대한 전체 조망을 하십시오.

주제 4 : 그룹만의 고유한 성공 시스템

이것에 대해 어떻게 설명하느냐에 따라 바로 전문적 사업설명과 아마추어 사업설명의 차이가 납니다. 다음과 같은 상황이 발생하는 이유에 대해 의문을 가져보신 적이 있습니까?

한 가망고객이 한 시간 동안 미팅에 참석했습니다. 미팅

말미에 그는 자신의 스폰서가 될 사람에게 말했습니다. "세상에, 이 회사의 제품들은 정말 뛰어나고, 마케팅 플랜도 분명 재정적 안정을 줄 것 같네요. 이 사업에서 벌 수 있는 돈의 양은 엄청날 겁니다! 그런데, 저는 가입하지 않을 겁니다."

이런 일이 발생하는 이유가 무엇일까요? 간단합니다.

사업설명을 한 사람은 전체 미팅동안 가장 중요한 질문에 대해 대답하는 걸 잊었기 때문입니다.

그 질문은 바로 **"나도 이 사업을 할 수 있을까요?"** 입니다.

가망고객은 분명 우리 사업이 제공하는 모든 혜택에 관심이 있었지만, 그는 한 번도 네트워크 마케팅에 참여한 경험이 없습니다. 그러므로 이 사람을 컨택하여 우리 사업에 참여시키기 위해서는 그의 질문인 "나도 이 사업을 할 수 있을까요?"에 반드시 대답해야 합니다. 성공 시스템에 대한 설명이 바로 이 질문에 대한 대답이 될 수 있습니다.

성공 시스템은 책자, 책, 테이프 등으로 구성돼 있습니다. 이들 자료는 회사로부터 제공됩니다. 그밖에 사용 가능한 것은 각 그룹의 고유한 시스템입니다. 사업을 배우는 그 첫걸음으로 이러한 미팅에 참석할 것을 강력히 권하지만, 이것은 시스템의 일부일 뿐입니다.

두 번째 단계는 "사업 현장에서" 받는 트레이닝입니다.

신규 사업자는 몇 개의 약속을 잡은 후 업 라인 스폰서들이 가망고객들을 그의 그룹에 가입시키는 방법을 보고 관찰하게 됩니다. 그가 보고 있는 사이에 스폰서들은 그의 그룹을 구축해 줍니다! 그의 입장에서 이보다 더 쉬운 것이 어디 있습니까? 가망고객들은 이미 입증된 성공 시스템에 참여할 수 있는 동시에 스폰서가 그의 그룹 구축을 적극적으로 돕는다는 사실에 매우 안도감을 느낄 겁니다.

이렇게 설명하면, 가망고객들은 자신도 이 일을 할 수 있다고 느낄 겁니다. 가망고객들이 이러한 확신을 가질 경우, 수입에 대한 설명을 듣기도 전에 그들은 사업에 뛰어들 마음의 준비를 끝마칠 것입니다.

사업설명 전체를 통틀어, 다른 어떤 주제에 대한 설명보다 성공 시스템의 원리를 설명하는 5분 동안 가장 많은 가망고객들이 네트워크 사업자가 됩니다.

주제 5 : 보상 플랜

사업설명의 마지막 5분 내지 10분 동안 우리의 보상 프로그램(compensation program)이 운용되는 원리를 설명해야 합니다. 가망고객들은 이와 관련한 다음의 세 질문을 던질 겁니다.

이 사업에 제가 부담해야 하는 비용은 얼마입니까?
제가 해야 할 일은 무엇입니까?
얼마나 많은 수입을 올릴 수 있습니까?

첫 번째 질문인 "부담할 비용"에 대해 즉시 대답할 경우 가망고객들은 편안함을 느끼게 됩니다. 대부분의 세일즈맨들은 소비자 측에서 부담해야 하는 비용을 제일 나중에 말합니다. 우리는 이와 정반대로 말할 것입니다. 가망고객들이 사업설명 내내 "내가 부담해야 하는 비용이 얼마나 될까?"에 대해 생각하는 것은 그리 바람직하지 않습니다.

"우리가 해야 하는 일"은 이미 시스템에 대한 주제에 대해 이야기할 때 설명된 바 있습니다. 몇 건의 약속을 잡으면, 당신의 그룹은 자연히 구축될 것입니다!

"수입의 양"에 대한 대답은 매우 쉽습니다. 보상 플랜에 대한 전체 설명을 빠르게 하고, 이 사업에서 다른 사람들이 얻는 수입을 예로 곁들일 수도 있습니다.

바로 이것이 훌륭한 사업설명에 필요한 요소입니다. 여기에는 비밀이나 신비한 것은 전혀 없습니다. 만약 가망고객들의 다섯 가지 기본 질문들에 대답한다면 손쉽게 컨택 및 후원을 할 수 있습니다. 또한 가장 큰 장점은 여기에 소요되는 시간이 25~30분이하라는 점입니다!

끝맺음에 대해 걱정하지 마십시오. 사업설명을 마친 후 하실 일은 이 사업이 잘 맞는지 아닌지를 그 자리의 가망고객들에게 물어보는 것뿐입니다. 사실, 여기에는 시간을 들여 생각할 이유가 없습니다. 당신은 모든 질문들에 대답을 했습니다. 가망고객들에게 가입하라는 압력을 넣을 필요도 없습니다.

조는 주의 깊게 모든 사항을 메모한 후, 다음주에 열리는 또 다른 그룹의 네트워크 마케팅 미팅에 참석할 계획을 세웠습니다. 오늘 참석한 미팅에서 조는 즐거움을 얻었으며 마음껏 웃을 수 있었습니다.

제3장

시스템에서
벗어나지 마라

마술과 같은 두 개의 질문

조가 말하기를, "이러한 일화들을 들려주는 게 좋다는 건 이해하지만, 가끔씩 이야기 시작을 어떻게 할지 몰라 고민됩니다. 상대와의 서먹한 관계를 깰 수 있는 무언가가 필요합니다. 날씨나 스포츠에 대해 얘기하려 시도해 봤지만, 이건 시간 낭비일 뿐이라는 걸 이미 가망고객도 잘 알고 있습니다. 게다가, '날씨가 참 좋네요. 이 사업 기회를 한 번 살펴보시겠어요?'라고 말하는 건 어딘가 부자연스럽고 문장이 전혀 매끄럽지 않습니다. 만약 상대와의 서먹함을 깨는 동시에 가망고객의 자질을 테스트하는 방법이 있다면, 저는 흥미가 있고 자질을 갖춘 사람들에게만 이야기를 함으로써 많은 시간을 절약할 수 있을 겁니다. 전혀 관심이 없는 사람들에게 사업설명을 너무 많이 하는 것 같습니다. 여기에 대한 해결 방법은 없습니까?"

빅 알은 언제나 해결책을 가지고 있습니다. 그는 프로이니까요. 그는 시스템을 사용합니다.

빅 알은 다음과 같이 대답했습니다. **"가망고객들의 자질을 사전에 체크함으로써 많은 시간을 절약할 수 있네.** 동시에 '서먹함'을 없애고 곧바로 사업설명의 본론으로 들어갈 수도 있지. 그러나 우선 살펴볼 것은, 진정한 네트워크 사업자가 되기 위해 우리들이 갖춰야 할 일반적인 사항들이네."

"지적 능력? 아니, 자네와 난 몇 명의 그다지 똑똑하지 못한 사람들도 후원하고 있지 않은가. 그리고 그들은 다른 누구보다도 멋지게 이 사업을 펼치고 있네. 훌륭한 세일즈맨? 아닐세. 우리 둘 다 아는 성공적인 네트워크 사업자들 중에는 수줍음을 타고 매사에 자신감이 없는 사람도 있네. 긍정적인 태도? 이것도 아닐세. 세상에는 사물을 부정적으로 보는 사업자들도 얼마든지 있네. 훌륭한 네트워크 사업자가 되기 위해 우리가 갖춰야 할 중요한 두 가지 사항은 다음과 같네!

1. 의지

"훌륭한 네트워크 사업자가 되려면 더 많은 수입을 얻겠다는 의지가 있어야 하네. 하지만 경험이 부족한 신규 사업자들이 저지르기 쉬운 가장 큰 실수는 수입에 대한 요구와 의지를 혼동하는 걸세. 이 두 가지는 전혀 다르지. 더 많은 수입이 필요한 이들 중 대부분은 돈을 벌겠다는 의지가 결여돼 있네. 사업을 시작한지 얼마 안 된 신규 사업자들은 실업자 혹은 '파산한' 사람들, 즉 돈을 벌고 앞으로 나아가겠다는 의지가 이미 사라진 이들에게 집중하는 경향이 있지. 또한, 저녁에 TV 보는 것이 유일한 낙인 사람들, 즉 '돈 버는 일에 전혀 관심이 없는' 사람들도 여기에 포함되네. 실업자는 수입을 원하지만, 직접 뛰어들어 수입을 벌 의지는 없거나 아니면 현재 자신의 처지에 만족하는 경우가 많네. 아마추어들은 의지는 없고 요구만 있는 사람들을 가입시키는 데 많은 시간을 낭비하지. 심리학자 흉내는 자아 발견에는 좋을지 몰라도 네트워크 마케팅 후원 활동에서는 별 쓸모가 없어."

2. 시간

"누구나 하루 24시간을 가지고 있네. 우리가 찾는 것은 자네의 사업 기회에서 일하기 위해 짬을 낼 수 있는 사람일세. 일부 사람들은 특별히 하는 일도 없으면서, 시간 내기가 정말 불가능하다고 말하지. 이들은 TV 시청이나 볼링 등을 포기하지 못하는 걸세. 이런 사람들은 상대할 필요가 없어. 우리가 원하는 가망고객은 자신의 일을 하면서 부업으로 네트워크 마케팅에 매주 6~10시간을 투자할 수 있는 사람이야. 만약 정말로 바쁜 사람이 매주 네 시간의 짬을 낼 수 있다고 말한다면, 이 사람 역시 괜찮은 가망고객일세. 적어도 그는 시간을 내기로 마음먹었으니까. 게다가, 바쁜 사람들이 일 처리를 잘한다네."

"이제 훌륭한 네트워크 마케팅 사업자가 되기 위한 요구 사항들을 살펴보았으니, 자질을 갖춘 가망고객 선정이 훨씬 쉬울 걸세. 단지 질문만 몇 개 던지면 되네. 예를 들어

> 질문 : 더 많은 수입을 올리기 원하십니까?
> 질문 : 매주 6~10시간의 짬을 내실 수 있으십니까?

"그들의 대답을 들은 후 그들이 자질을 갖추었는지 아닌지를 결정할 수 있네. 매우 간단하지. 이들 두 개의 마술과 같은 질문만 던지면, '서먹함'을 깨고 즉시 사업 본론으로 들어갈 수 있다네."

"사실 이들 질문보다는 가망고객들의 대답이 중요하네. 그들이 말하는 내용과 방식에 집중하게."

조는 꼼꼼하게 메모를 하고는, 바로 다음의 약속에서 마술과 같은 이들 두 질문을 던지기로 마음먹었습니다. 이 새로운 정보를 통해 조는 진정한 네트워크 마케팅 사업자의 길에 한 걸음 다가선 기분이 들었습니다.

"요구하는 이에게… 직업을 주어라."
"의지를 가진 이에게… 기회를 제공하라!"

- 빅 알

대규모의 결실

빅 알은 저녁 시간 내내 조에게 "넓은 안목"을 심어주기 위해 노력했습니다. 실제 규모가 크고 구조가 탄탄한 네트워크 그룹일수록 한 사람의 슈퍼스타가 천 명 모두를 컨택하고 후원한 것이 아니라, 시스템을 따르는 경험 많은 사업자가 몇 명의 자질을 갖춘 자신의 다운라인들을 후원한 후 이들 다운라인들이 각각 백 명에서 이백 명의 또 다른 다운라인을 후원하도록 돕는 시스템을 사용하고 있습니다.

자신감을 갖고 잘 훈련된 5~10명가량의 "장군"들 및 적절히 훈련된 조직을 보유하고 있는 것이 교육을 제대로 받지 못하고 동기 부여가 안 된 천 명의 "사병"들로 이루어진 비효율적 조직보다 훨씬 더 낫지 않을까요?

이와 같이 심오하고, 안전하며, 효율이 높은 그룹을 구축하는 방법이 다음에 열거되어 있습니다.

1. 1단계(first level) 다운라인 사업자(우리 사업에 대해 충분히 동기부여 되지 않은 사업자가 아닌 진정한 워커(worker))의 그룹에 적어도 열다섯 명의 회원이 가입할 때까지, 그와 함께 팀을 구성해 일을 합니다.

2. 1단계 다운라인 사업자들이 다섯에서 여덟 명 가량의의 훌륭한 워커들을 선별해 그들과 팀을 구성해 일할 수 있도록 보조합니다.

3. 1단계 다운라인 사업자들이 그의 다운라인들과 함께 후원 활동을 할 수 없는 급박한 상황에 대비해, 그의 그룹 내 회원들 중 일부와 당신이 팀을 구성해 보조합니다. 2단계 혹은 3단계 다운라인들과 함께 팀을 구성하는 동시에, 더 많은 다운라인 사업자들을 트레이닝하고 후원함으로써 그룹을 탄탄하게 구축하는데 힘씁니다.

4. 시스템은 진정한 네트워크 사업자와 단순 소비 회원간의 비율을 아래와 같이 만듭니다.

만약 여섯 내지 일곱 명의 훌륭한 사업자를 그룹 내에 보유하고 있을 경우, 이들 각각이 당신의 성공시스템을 복제함에 따라 당신 그룹의 회원 수는 몇 백 명으로 늘어날 것입니다.

5. 그룹 내 회원들이 모두 이 책을 가지고 있는지를 확인하십시오. 이 책은 동기 부여가 되지 않은 사업자에게는 적합하지 않습니다. 회원들의 상황을 재정비하고 현재 속도를 유지시키기 위해 정기적으로 시스템을 체크하십시오.

6. 한 사업자의 교육을 완전히 끝마친 이후 다른 사업자들을 보조하십시오. 이 사람 저 사람에게 동시에 보조를 약속하는 것은 바람직하지 않으며, 시작한 것을 우선 끝내는 것이 좋습니다.

빅 알은 질문이 있는지 조에게 물었습니다.

조가 대답하기를, "전혀 없습니다. 제 그룹 내 회원의 수는 이미 삼백 명이 넘어섰으며, 저는 시스템으로부터 한 발자국도 벗어나지 않았습니다. 컨택과 후원은 언제나 누군가와 팀을 이뤄 하고 있습니다. 또한 지금까지 얻은 정보를 바탕으로, 저는 반드시 당신과 같은 성공적인 리더가 될 것입니다."

목표 설정에 있어 배우자 설득

네트워크 마케팅 사업을 진행하는데 있어서 생겨날 수 있는 또 다른 문제는 배우자간 노력의 차이입니다. 대부분의 경우 배우자 한쪽이 미팅이나 트레이닝, 랠리 등에 적극적으로 참여하는 반면, 다른 한쪽은 가족과의 알찬 시간을 가질 수 없고 언제나 집을 비워야 하는 점을 불평합니다.

이는 틀림없이 부부싸움, 상호불만, 그리고 심지어는 이혼에까지 이르게 합니다. 배우자 한 쪽은 네트워크 마케팅 기회를 통해 특정한 재정적 목표 달성을 꿈꿉니다. 그러나 다른 한쪽은 네트워크 마케팅이 이와 같은 목표 달성을 위한 도구가 될 수 없다고 생각합니다. 믿음이 없는 배우자들 역시 재정적 목표 달성을 원하지만, 자신의 배우자 및 네트워크 마케팅에 대한 그들의 믿음은 제로입니다. 이 문제를 어떻게 해결할 수 있을까요? 다음의 이야기를 통해 힌트를 얻기 바랍니다.

빌리 빌리버는 에이비(AB Corporation)라는 네트워크 마케팅 회사의 사업자입니다. 비록 이 일을 시작한지 얼마 되지 않았지만, 그는 현재 성공의 시작단계에 있습니다. 그 이유는, 회사의 트레이닝 세미나를 통해 그의 노력을 집중하는 방법 및 하나의 목표를 설정하는 방법을 배웠기 때문입니다.

빌리의 목표는 신형 캐딜락을 사는 것입니다. 빌리는 먹고 자는 시간을 빼고는 언제나 그의 신형 캐딜락에 대한 이야기와 언제 이 차를 구입할 건지에 대해 이야기했습니다. 그의 목표를 가시화하기 위해, 빌리는 캐딜락 사진을 오려서 그의 집에 방마다 붙여두었습니다. 그는 가장 큰 사진을 화장실 거울 한가운데 붙여두고 매일 아침 그의 목표를 되새겼습니다.

불행하게도, 빌리 빌리버의 아내는 빌리의 목표를 함께 나누지 않았습니다. 그녀는 집안 곳곳의 캐딜락 사진들과 빌리의 끊임없는 캐딜락 이야기, 그리고 목표 가시화를 통해 꿈이 현실화될 수 있다는 빌리의 맹목적인 믿음을 증오했습니다. 그녀가 가장 혐오한 것은 화장실 거울 한가운데 붙여진 대형 캐딜락 사진입니다. 매일 아침 빌리가 출근하면 그의 아내는 이 사진을 떼어버렸습니다. 반대로 매일 저녁 침대에 들기 전에 빌리는 그가 가장 좋아하는 캐딜락 사진을 화장실 거울에 다시 붙였습니다.

이와 같이 사진을 붙이고 떼고 다시 붙이는 신경전은 여섯 달 가량 계속됐습니다. 그 후 무언가 변화가 있었습니다. 빌리는 그의 네트워크 마케팅 사업에서 올린 많은 수입을 통해 캐딜락을 일시불로 구입할 수 있었습니다.

그 날 저녁, 자신감에 넘친 빌리는 신형 캐딜락을 집으로 몰고 가 집 앞에서 경적을 울리고는, 놀라움에 가득한 얼굴로 창문에서 내려다보는 그의 아내를 기쁘게 바라보았습니다.

다음날 아침, 화장실 거울 한가운데에는 밍크코트 사진이 붙어 있었습니다.

그룹 죽이기

　노만 네거티브는 한 가지 문제를 가지고 있었습니다. 그의 그룹의 크기는 그가 가지고 있는 기대치에 비해 훨씬 느리게 성장하고 있었습니다. 이는 자신의 잘못이 아니라고 생각한 노만은 시간을 내어 그의 그룹이 폭발적으로 성장하지 못하고 있는 원인을 조사했습니다. 주의 깊게 분석한 결과, 한 가지 단서를 발견할 수 있었습니다. 노만의 네트워크 마케팅 회사는 경쟁 혹은 소비자 서비스 등 그의 그룹에 대한 지원이 전혀 없습니다. 회사가 그의 그룹을 "죽이고" 있다는 사실을 발견한 노만은 분노에 휩싸였습니다.

물론 이는 전혀 사실이 아닙니다. 회사 소속의 다른 그룹들은 빠른 속도로 성장하고 있었습니다. 노만은 아마도 그의 그룹의 성장률과 다른 리더의 그것을 비교하고는 자신감을 잃었을 겁니다. 그는 자신의 리더십을 탓하는 대신, 그의 그룹의 실패에 대한 원인을 외부에서 찾으려 했습니다. 만약 노만이 회사를 원망하지 않았더라면 그의 그룹은 훨씬 더 적은 손해를 입었을 겁니다. 하지만 노만은 대부분의 부정적인 리더들과 마찬가지로 그의 생각이 옳다고 우겼습니다. 그의 일주일 스케줄은 다음과 같았습니다.

일요일

왜 세상 모든 것이 그를 적대시하는지에 대해 가족들에게 불평합니다. 그가 아무리 노력해도 그가 제어할 수 없는 환경적 요소들이 그를 실패로 몰아갑니다. 이번 주말쯤 그의 그룹 회원들은 네트워크 마케팅 회사에 대해 완전히 실망할 것이라고 노만은 예견합니다. 그가 깨닫지 못한 사실은, 이 말이 씨가 되어 현실화될 거란 점입니다.

월요일

노만은 후원활동이나 자기계발을 해야 할 시간동안 자리

에 앉아 회사에 편지를 씁니다. 회사가 그의 그룹에 야기한 문제점들을 열거한 후, 회사 경영에 자신과 같이 경쟁력 있는 사람들이 필요하다고 결론 내립니다. 물론 그는 전혀 긍정적인 해결책을 제시하지 못했으며, 그 자신은 물론 그가 속한 지역의 대표까지 비난을 받도록 만들었습니다.

월요일 저녁 늦게 노만은 시무룩한 얼굴과 냉소적인 태도를 보이며 매주 열리는 트레이닝 미팅에 참석했습니다. 다른 리더들은 그와 멀찍이 떨어져서는 새로운 네트워크 사업자들의 목표 설정을 도와주었습니다. 노만은 자신의 스폰서를 궁지로 몰아 모든 잘못을 그녀에게 뒤집어 씌웠습니다. 심지어 그는, 구성원들에게 이런 잔악한 짓을 하는 회사에 참여했기 때문에 당신은 바보라고 스폰서에게 말했습니다. 노만이 다른 사람들까지 비난할 것을 두려워한 스폰서는 그를 조용한 커피숍으로 데리고 가서 개인적으로 대화를 했습니다. 자신의 심정을 헤아리는 사람을 한 명도 만나지 못한 노만은 그 어느 때보다 더 분노하며 집에 돌아왔습니다. 이 끔찍한 잘못을 복수하기 위해 무언가 확실한 방법이 취해져야 한다고 생각했습니다.

화요일

노만은 비활동적인 자신의 다운라인 사업자들에게 개인

적으로 전화를 걸어 그 이유를 물었습니다. 만약 그들이 적절한 이유를 대지 못할 경우, 노만은 기쁜 마음으로 그들에게 몇 가지 일거리를 떠넘겼습니다. 노만은 회사의 잘못과 자신의 잘난 점을 꼼꼼하게 적은 메모지를 보관하고 있습니다. 만약 아직도 활발하게 활동을 하는 스폰서들이 이와 같이 중요한 정보를 알게 된다면, 이 스폰서들 역시 분노해서 회사에 항의하는 현명한 결정을 내릴 것이라고 노만은 믿어 의심치 않습니다.

화요일 저녁, 노만은 활발한 활동을 보이는 사업자들에게 전화를 걸어 그가 처한 문제들을 그들의 탓으로 돌렸습니다. 업 라인 및 본사가 그의 불평에 전혀 응답하지 않기 때문에, 노만은 전체 그룹 미팅을 열어 다같이 항의하기로 했습니다. 미팅은 목요일 저녁으로 결정됐습니다.

수요일

노만은 본사에 전화를 걸어 자신의 편지에 아직 답장하지 않은 이유를 물었습니다. 소속 회원들에 대한 회사의 태도는 최악이라고 노만은 말했으며, 회사의 도덕심, 윤리, 지적 능력에 의문을 제기했습니다. 또한 그는 그가 속한 지역의 사무실 대표와도 절연하게 되었습니다. 사무실 대표는 그의 전화를 끊어버렸으며, 이 부정적인 불평분자와 앞으로 대화하는 방법은 단지 하나뿐이라고 생각했습니다. 즉, 노만이 먼저 전화를 걸어 사과해야 합니다. 사무실 대표는 자신이 직접 노만에게 전화를 걸어 그의 비난을 듣느라 인생을 낭비할 필요가 없다고 느꼈습니다.

수요일 밤 내내 노만은 그의 업 라인 스폰서들에게 전화를 걸어 목요일 밤에 열리는 항의 세션에 참석할지의 여부를 물었습니다. 노만은 모두가 함께 항의해야 효과가 있다는 사실을 강조했습니다. 대부분의 업 라인 스폰서들은 각자의 후원활동을 위한 미팅 약속이 있기 때문에 참석할 수 없다고 말했습니다.

목요일

이날 저녁, 노만의 그룹에 속해있는 사업자들이 모두 시무룩한 얼굴로 약속 장소에 나타났습니다. 지난 이틀 동안 이들은 회사에서 자신들의 성장 속도에 대해 고려했으며, 그 결과 성공하지 못하는 원인은 그들 자신이 아닌 다른 외부의 이유 때문이라고 결론지었습니다.

이러한 결과가 그들 스스로의 책임일 리가 없습니다. 노만의 주도 하에 미팅은 다음과 같은 만장일치로 끝났습니다. "세상이 우리 그룹에게 불공평하게 대한다." 유일한 행동의 방법은 이 상황에 대한 해결의 노력을 일체 그만두는 것이었습니다. 그리고 매주 "네트워크 마케팅에 참여하면 반드시 비참해진다."라는 이름의 미팅을 열기로 했습니다. 어쨌든, 회사 사업을 그만두었을 때 남는 시간을 때울 소일거리가 필요하니까요.

금요일

노만은 아침 일찍 "징징대고 불평하는 사람들의 클럽" 미팅 계획서를 만들었습니다. 각각의 미팅의 비망록에는 멤버 증원 방법에 대한 토의 내용이 포함될 겁니다. 만약 네트워크 마케팅에서 돈을 더 이상 벌지 못할 운명이라면, 긍정적이고 근면하며 동기부여가 잘 된 다른 네트워크 사업자들을 찾아 그들에게도 부정적 태도를 감염시켜야 합니다.

토요일

노만 네거티브는 하루 종일 가족의 예산을 재조정했습니다. 네트워크 마케팅 회사에서 얻는 여분의 수입이 끊긴 상태에서, 노만의 가족은 수입 내에서 먹고살기 위해 허리띠를 졸라매야 합니다. 노만은 혼잣말로, "이건 너무 불공평하다. 세상이 나를 대하는 태도, 내 네트워크 마케팅 그룹, 심지어 내 가족마저도."라 생각했습니다.

물물교환 -
더 높은 개인 소비 실적(volume) 달성방법

네트워크 마케팅을 통해 비타민 제품을 사용하고 있는 사업자가 머리 손질을 위해 동네 미장원에 들렀습니다. 머리감기가 끝나고 20달러를 지불할 시간이 되자, 한 아이디어가 그녀의 머릿속에 떠올랐습니다. 미용사가 말하길, 그녀는 하루 종일 서서 일하기 때문에 쉽게 피로를 느낍니다. 따라서 우리 사업자는 현금 대신 20달러 가격의 비타민을 그녀에게 제공했습니다.

그 사업자를 단골로 삼기 위해 미용사는 순순히 비타민

을 받았습니다. 미용사는 일반적으로 양질의 비타민 프로그램에 드는 비용을 충당하지 못하지만, 만약 이 네트워크 사업자가 정기적으로 미용실에 온다면 미용사가 필요로 하는 비타민을 얻을 수 있게 됩니다. 게다가, 돈을 벌지 못하는 것보다는 비타민을 받는 것이 더 낫지 않습니까? 다른 단골 손님들이 지불하는 현금으로 미용사의 생활비가 충당됩니다. 따라서 비타민을 현금대신 지불하는 새로운 고객을 반대할 이유가 없습니다. 손님이 전혀 없는 시간에 약간의 일을 하고 비타민을 얻는 것이 훨씬 낫습니다.

미용실에서 손질을 마친 사업자는 집으로 돌아와 계산을 했습니다. 20달러 가치의 비타민은 도매가격으로 15달러에 구입할 수 있습니다. 또한 그녀는 개인 판매 실적이 양호하기 때문에 더 많은 보너스를 얻게 됩니다. 그녀의 순 지출비용은 10달러에 불과하므로, 결과적으로 50%나 절약할 수 있습니다!

만약 그녀의 생활비를 이런 식으로 비타민과 교환할 경우, 그녀는 다음의 혜택을 얻을 수 있습니다.

1. 비타민 구입 시 50%절약. 그녀의 예산을 반으로 줄이는 것과 마찬가지입니다.

2. 일반적으로 현금을 지불하지 않는 새로운 고객들. 많

은 사람들은 그녀의 비타민이 값비싸다고 생각해 현금을 지불하지 않습니다. 하지만, 사람들은 제품, 서비스, 혹은 자유시간과 비타민을 기꺼이 교환하려 합니다. 이제 그녀는 이러한 마케팅 기술을 통해 더 많은 고객들을 끌어들일 수 있습니다.

3. 자동차 수리비, 책 대여비, 기타 비용을 비타민으로 지불함으로써, 그녀는 더 많은 양의 회사 제품을 사용하게 되는 셈입니다. 그녀의 정규적 예산에 드는 지출비를 통해 개인 실적(volume)에 대한 보너스를 얻는 것과 마찬가지입니다. 또한 이러한 방식을 통해 그녀의 매달 개인 판매 실적은 증가 할 수 있습니다.

4. 다양한 생필품 가격의 50%를 절약한 돈으로 사업에 재투자하거나 혹은 저축할 수 있습니다.

5. 만약 그녀의 새 고객이 이러한 방식을 선호할 경우, 다양한 분야에서 더 많은 현금을 얻을 수 있습니다.

그녀가 개발한 방법은 간단합니다.

(A) **더 많은 고객을 필요로 하지만 그다지 분주하지 않은 사업 찾기에 힘쓰십시오**. 만약 언제나 바쁘게 현금 고객을 상대로 하는 사업일 경우, 사람들은 비타민을 얻기 위해 더 일하기를 꺼립니다. 하지만 만약 자동차 수리점이 여덟 시

간 영업하는데 그중 여섯 시간만 바쁠 경우, 바쁘지 않은 두 시간 동안 현금 대신 비타민을 받는 거래에 흔쾌히 응할 겁니다.

(B) **단골손님을 방해하지 마십시오.** "지금 해주세요!"라고 말하는 대신 "당신이 바쁘지 않을 때 해주세요."라고 말하십시오.

(C) **당신도 단골이 될 수 있다는 사실을 상대에게 상기시키십시오.**

(D) **당신이 그들 사업의 좋은 조언자가 될 수 있음을 알리십시오.** 좋은 소문을 퍼트려 그들이 새 고객을 늘리도록 돕겠다고 약속하십시오.

노력 없는 결과

하루는 동네 은행에 들어가 사무원에게 다음과 같이 말했다고 가정해 보십시오.

"은행 계좌에 10만 달러를 예금하고 싶습니다. 곧바로 이자를 얻어 쓰고 싶은데요. 비록 지금 당장 은행에 넣을 10만 달러는 없지만, 어쨌든 바로 이자부터 주십시오."

은행원은 아마도 "말도 안 됩니다!"라고 반응할 겁니다. 이자를 얻기 전에 먼저 은행 계좌에 예금을 하셔야 합니다. 비록 위의 예가 말도 안 되는 이야기라는 생각이 들겠지만, 실제로 많은 가망고객이나 신규 사업자들은 이와 똑같은 것을 바랍니다.

이러한 사람들은 노력을 투자하기 전에 결과부터 먼저 요구합니다.

네트워크 사업자나 예비 사업자들로부터 다음과 같은 말들을 들으신 적이 있습니까?

- "이번 달에는 제품을 구입하지 않을 겁니다. 다음달에

많은 보너스를 얻는지를 보고 결정하겠습니다."

- "만약 더 많은 보너스를 얻을 수 있다면 더 열심히 일할 텐데요."

- "이 사업은 정말 열심히 노력해야 될 것 같네요. 내가 결과를 얻기 전에 몇 달 동안 죽어라 노력해야 될지도 모르 겠군요."

- "그룹이 사용할 미팅 룸 비용을 왜 제가 지불해야 하죠? 그 사람들보고 지불하라 그래요. 어쨌든 미팅 룸을 사용하 는 건 그 사람들이니까요."

- "만약 저를 위해 대규모 그룹을 구축해 주겠다고 약속 한다면 가입을 고려해 보겠습니다."

- "회사가 새로운 광고 전략을 만들어 광고하면 가망고객 들이 구름같이 제 그룹으로 몰려들 겁니다. 이런 일이 현실 화될 때까지 저는 일을 시작하지 않을 겁니다."

- "만약 제 그룹이 더 분발하지 않는 이상 나도 그들의 성 장을 돕지 않을 겁니다."

- "제품 및 판매 보조에 제가 투자해야 하는 이유가 뭐죠? 저는 아직 돈도 벌지 못했는데요."

이와 같은 말들은 끝이 없습니다. 사람들은 언제나 아무 일도 안하고 무언가를 얻고 싶어 합니다.

우리가 일하기 전에 회사가 돈을 지불한다면 물론 매우

좋겠지요. 하지만 현실적으로 생각하십시오. 만약 우리가 리더라면, 자신의 그룹 내 다운라인 사업자들이나 회원들에게 결과는 노력 다음이라는 사실을 이해하도록 만들어야 합니다. 아무도 공짜 점심을 사주지는 않습니다.

신규 사업자의 사업 시작

"만약 당신이 가고자 하는 방향을 알지 못한다면 아무 길이나 택해도 된다."라는 말이 있습니다. 새로운 사업자들은 그들이 가려는 방향 및 목표 지점, 도달 방법을 전혀 알지 못하는 것이 문제입니다. 더 큰 문제는, 그러한 신규 사업자들이 목표에 도달하도록 유도하는 방법을 스폰서들도 모르고 지내는 그룹도 있다는 사실입니다.

사업의 성공 프로그램과 함께 각각의 회사 제품에 친숙해져야 합니다. 성공 프로그램인 시스템만을 강조하는 것은 이 사업을 어렵게 느껴지도록 만들 수도 있기 때문입니다. 그들에게 제품이 중요한 것은 아래의 네 가지 이유입니다.

1. 개인적 용도

제품에 대해 배우고 후원할 때 전달하기 위한 가장 확실한 방법입니다. 만약 네트워크 사업자가 제품을 신뢰하지 않고 직접 사용하기를 꺼린다면, 우리는 이 사람을 후원할 이유가 없습니다. 사업을 처음 시작하는 신규 사업자일수록 최고의 소비자가 되어야 합니다.

2. 소매 판매

네트워크 사업자라면 약간의 소매 판매를 위해 즉시 판매가 가능한 충분한 양의 제품을 소지하고 있어야 합니다. 신규 사업자가 소비자에게 제품 구입을 권유한 뒤 즉각 배달이 가능한 충분한 제품이 없다고 말한다면, 소비자는 어떤 생각을 할까요? 이는 소비자에게 제품을 구입하지 말라는 말과 같습니다. 결국 소비자가 제품 구입 결정을 내렸다 하더라도, 제품을 가지고 있지 않다면 사업자에게 이 계약은 기름 낭비일 뿐입니다. 그는 자신의 집에 들렀다가, 제품 인수를 위해 스폰서의 집을 방문하고, 또다시 소매 소비자에게 되돌아가야 합니다. 제품 판매의 목적은 이윤 추구이지, 텍사코 혹은 셸(둘 다 미국의 정유 기업)에게 기름을 팔아주는 것이 아닙니다. 또한, 원하는 제품을 일주일 후에 배달해 주겠다고 슈퍼마켓 직원이 말할 경우, 당신이라면 이 슈퍼마켓을 애용하겠습니까?

3. 샘플

회사로부터 제품 샘플이 제공될 경우, 개인적 본보기, 즉 리더십을 위해 약간의 샘플을 상비해야 합니다. 만약 식품 프로그램에서 일할 경우, 가망고객들에게 2~3달러 가격의 식품 샘플을 배분하거나 판매한 후 반응을 살펴보십시오. 만약 청결 제품을 판매할 경우, 소비자들이 애용하는 제품의 샘플을 이용하십시오.

4. 신규 사업자의 사업시작

신규 사업자가 사업에 참여하는 바로 그 날 밤부터 당장 제품이 필요하게 됩니다. 만약 5~6명의 가망고객들을 동시에 가입시킬 경우, 많은 양의 제품을 상비해 두어야 합니다. 이럴 경우, 신규 사업자는 회사에 주문한 제품이 그의 손에 도착하기 전에 그는 미리 사업을 시작할 수 있습니다. 만약 신규 사업자가 지금 당장 몇 명의 사람을 컨택하고 후원할 계획이라면, 그는 일정 규모의 제품이 반드시 필요할 겁니다.

가망고객에게 가입 즉시 일정량의 제품을 판매할 경우, 그는 제품 구입에 200~300달러를 지불하게 됩니다. 그 결과, 신규 사업자는 사업을 지속적으로 염두에 두게 되며 자연히 동기가 부여됩니다. 물론 이러한 방법은 신규 사업자들의 경쟁력을 확보하는 동시에 그들의 빠른 사업 참여를 유도하는 목적이므로, 당신은 그들에게 제품을 100% 만족시켜 주어야 하는 겁니다. 이를 통해 모두에게 최선의 사업 시작을 안겨줄 수 있습니다.

만약 제품 구입에 필요한 자금이 없을 경우, 후불로 받겠다고 제안하십시오. 어쨌든, 성공을 위해 가장 중요한 요소는 신규 사업자들의 손에 제품이 쥐어지는 것입니다. 제품 구입비를 후불로 지불할 용의가 없는 사람들은 당신의 후원을 받을 자격이 없습니다. 그러므로 막 컨택한 신규 사업자들이 제품 구입비가 없을 경우 후불을 약속하십시오.

요약하면, 신규 사업자들은 제품을 상비할 경우에만 돈을 벌 수 있습니다. 그들이 성공할 수 있도록 최선의 기회를 제공합시다.

이 사업의 또 다른 혜택들

요즈음 네트워크 마케팅의 컨택과 후원을 돕는 일부 참신한 간접 광고가 급상승하고 있습니다. 주요 과제 혹은 사업 기회의 일반적 혜택에 집중하는 대신, 리더들은 특수한 혜택들을 강조함으로써 새로운 사업자들을 사업에 참여시키는 것이지요. 이들의 희망사항은 혜택을 특별히 필요로 하는 사람들을 찾아 사업 기회를 전달하는 것입니다.

일부 네트워크 마케팅 회사들은 최고의 위치에 있는 그룹의 리더들에게 할인 혹은 무료 정밀 건강 진단 서비스를 제공하고 있습니다. 건강 진단 할인을 받을 수 있는 동시에 매달 여분의 수입을 올릴 수 있다는 사실에 가망고객은 기뻐할 겁니다. 이러한 방식은 사업이 가져다주는 혜택과 무료 건강 진단을 부각시키는 예입니다.

당신이 알고 지내는 사람들 중 누가 일등석으로 여행할 돈이 없거나 혹은 여행경비를 줄이고 싶어 합니까? 당신의 네트워크 마케팅 회사가 지불하는 돈으로 즐기는 일등석 여행은 분명 가망고객들이 가입하는 결정적 원인이 될 수 있습니다.

아카풀코, 하와이, 유럽 등지를 무료로 여행할 수 있다면 누가 좋아하지 않겠습니까? 이를 위해 네트워크 사업자들이 할 일은 약간의 제품을 구입하고 몇 명을 후원하는 것뿐입니다.

네트워크 마케팅이 매년 인기를 더해감에 따라, 얄팍한 지식이나 잘못된 지식을 전부인 것으로 여겨 네트워크 마케팅에 대해 부정적 시각을 가지고 있는 사람들에게는 새로운 방식의 접근이 필요합니다. 이 사업은 규모도 클 뿐 아니라 누구든 참여할 수 있는 가능성이 가득한 곳입니다. 당신의 회사가 제공하는 혜택은 무엇입니까? 세금 혜택? 자동차, 여행, 보험, 표창, 보석, 기타 등등? 네트워크 마케팅은 분명히 인정할만한 빅 비즈니스입니다. 네트워크 마케팅 안에서 가망고객의 꿈을 터치해 주십시오.

제자리걸음을 하며 일하는 법

네트워크 마케팅 사업을 하고 있는 사업자들 중 일부는 지나치게 열심히 일하는 반면 전혀 소득을 얻지 못합니다. 이와 같은 노력이 전혀 결실을 맺지 못하는 걸 지켜보는 것은 거의 고통에 가깝습니다. 이러한 불행한 영혼들은 처음 시작하는 다운라인 사업자들 중에 많이 있으며, 그들은 우리가 이 딜레마를 해결해 주길 바라고 있습니다. 한 예를 들어봅시다.

마빈 무버는 네트워크 마케팅의 대가입니다. 사실 그는 차기 슈퍼스타처럼 보입니다. 마빈의 일하는 습관은 매우 좋으며 끈기도 있습니다. 매일 그는 가망고객과 세 건의 미팅 약속을 잡으며, 이들 중 적어도 한 명을 후원합니다. 30일 후에 마빈은 그의 그룹에 적어도 30명의 새로운 다운라인 사업자들을 영입할 것입니다.

문제는 그의 그룹이 전혀 제품을 구입하지 않는 것입니

다. 그가 후원한 사람들 대부분은 한번도 주문을 하지 않았거나, 설사 했다 하더라도 그 후에는 전혀 주문을 하지 않습니다. 마빈은 열심히 일하지만, 제자리에서 뱅뱅 돌면서 전혀 발전하는 모습이 보이지 않습니다. 최악의 문제는 이와 같은 전체적인 상황이 당신에게도 악영향을 끼친다는 점입니다. 당신은 잠재적인 슈퍼스타가 구체적인 결과의 부재 - 즉, 제품 애용의 부재 - 로 인해 낙담하는 것을 지켜봐야 합니다.

이 문제를 정의해 봅시다.

마빈 무버는 네트워크 사업자입니다. 마빈은 네트워크 마케팅 시스템을 통해 알게 된 컨택의 원리와 후원의 기술을 이용해 모든 가망고객들을 **설득하느라** 분주합니다. 그는 "제품 애용"에 많은 신경을 쓰며, 가망고객들이 사업자 신청서에 서명할 때 가장 기뻐합니다. 불행하게도 마빈이 자기 그룹 내의 사업자들에게 제품을 권유하는 것은 이 단계에서 그칩니다. 그는 그의 다운라인 사업자들이 **적극적으로 이 사업에 참여**하도록 만드는 데 실패했습니다. 그는 다운라인 사업자들이 자신의 개인적 목표, 활동 계획, 사업 실행에 필요한 노력 및 참여도 등을 스스로 결정하도록 내버려 두었습니다. 이보다 더 나쁜 상황은 없습니다.

신규 사업자들은 자신의 결정을 뒷받침해 줄 경험이 없으며, 일반적인 사람들의 95%처럼 행동할 겁니다. 즉, 스스로의 결정 및 참여 대신, 리더 누군가가 그의 손을 잡고 도움을 주기를 바랍니다.

마빈 무버는 후원에서 가장 중요한 요소, 즉 가망고객들과 그의 다운라인 사업자들의 적극적 참여를 이끌어내는 데 실패했습니다. 그의 후속조치용 사업설명은 다음과 같이 끝날 겁니다. "우리 그룹에 새로운 회원이 되신 아무개 사장님! 우리의 훌륭한 그룹에 가입하셔서 정말로 기쁩니다. 이번 달에는 그 시작으로 몇 가지 제품을 사용해보시는 것이 좋을 듯싶습니다. 가격 리스트 및 카탈로그를 두고 갈 테니 한 번 살펴보십시오. 당신이 후원할 수 있는 사람들을 생각해 보십시오. 이들을 당신의 다운라인이나 파트너 사업자로 참여시키는 것이 관건입니다. 만약 문제가 있으면 제게 전화하십시오. 또한, 이번 달 마지막 토요일에 대규모 미팅이 계획돼 있습니다. 저는 거기 참석할 계획이니 당신도 참석을 한 번 고려해 보시기 바랍니다."

마빈은 적극적 참여에 대한 전체 과정을 지금 막 가입을 마친 신규 사업자 아무개 씨에게 전임했습니다. 얼마나 큰 실수입니까! 몇 가지 이유로 인해 우리 모두도 이와 똑같은 실수를 자주 되풀이합니다.

1. 성공적인 사업설명에 너무 흥분한 나머지, 이 기쁨을 즐기기 위해 서둘러 가방을 싸고는 집으로 돌아갑니다.

2. 만약 지금 당장 적극적 참여를 부탁할 경우, 신규 사업자 아무개 씨는 마음을 바꿔 그만둘 수도 있습니다.

3. 대부분의 사람들은 실패에 대한 콤플렉스를 가지고 있기 때문에, 가망고객의 적극적 참여를 끌어내도록 시도조차 하지 않는 것이 목표 달성을 위해 가장 좋은 방법이라 여깁니다.

이들 세 이유 가운데 두 번째 이유가 적극적인 참여 얻기 실패에 가장 큰 원인입니다.

이론적으로 볼 때, 자신의 다운라인 사업자들로부터 적극적인 참여를 끌어내기 가장 좋은 때는 언제입니까? 그들의 사업에 대한 열정이 최고조에 오른 첫 사업설명 자리입니까? 혹은 그가 이 기회에 대해 시들해질 며칠 후입니까? 분명 첫 사업설명 미팅에서 적극적인 참여를 끌어내기가 가장 좋습니다. 나중까지 기다릴 경우, 다운라인 사업자의 적극적 참여를 성공리에 이끌어내기 전에 먼저 그의 열정을 다시 북돋울 필요가 있습니다.

대부분의 네트워크 마케팅 사업자들이 두 번째 미팅까지 기다려 가망고객들의 적극적 참여를 이끌어내는 이유는 첫 번째 목표, 즉 가망고객의 가입에 대한 부담을 덜어주기 위함이라고 합니다. 이 "손안에 든 새" 이론은 가망고객을 압박해 적극적 참여를 꾀하기 이전에 우선 안전하게 그를 사업에 가입시키기 위한 것입니다. 불행하게도 이 이론은 의도한 바와는 정반대로 사용될 경우가 많습니다.

예를 들어, 첫 사업설명을 하는 동안 당신이 이제 막 가입신청서에 사인을 한 신규 사업자 아무개 씨에게 적극적 참여를 요구하며 제품 애용, 미팅 약속, 대규모 랠리 참여 등을 제안했습니다.

그때까지도 아무 말을 하지 않던 아무개 씨는 다음과 같이 대답합니다. "말도 안돼요. 만약 내가 그 모든 걸 다 해야 한다면 차라리 가입하지 않을래요. 내 지원서를 찢어버리는 게 나을 것 같네요."

만약 그의 열정이 최고조에 오르기 마련인 첫 번째 사업설명 미팅 때 신규 사업자가 이러한 대답을 할 경우, 사업에 대한 그의 감정이 많이 식어버릴 며칠 후에는 그의 태도가 훨씬 더 부정적일 겁니다. 쓸모없고 비생산적인 후원활동에 당신의 소중한 시간과 노력을 들이기 전에 가망고객이나 다운라인 사업자들의 자질을 미리 체크해 보는 것이 더 나을 겁니다.

첫 사업설명을 마친 후 우리가 다운라인 사업자들에게 적극적 참여를 요구할 경우 결과는 밑져야 본전입니다. 나중까지 기다렸다가 결국 그와 당신의 시간 모두를 헛되이 낭비할 필요는 없습니다. 지금 당장 적극적 참여를 요구하십시오.

훌륭한 스폰서는 훌륭한 다운라인을 알아본다!

레이몬드와 준 트라우트는 근면과 겸손을 바탕으로 자신의 사업을 성공으로 이끈 네트워크 마케팅 사업자입니다. 몇 년간의 지속적인 노력을 통해 그들은 충실한 다운라인 사업자들을 꽤 많이 확보하고 있습니다. 또한, 이웃 사람들 사이에서도 레이몬드와 준의 평판은 매우 좋습니다.

불행하게도 최근 들어 이들 부부는 네트워크 마케팅에서 큰 이윤을 얻지 못하고 있습니다. 그들이 마지막으로 몸담은 네트워크 마케팅 회사는 망했습니다. 그 이전의 회사는 좋은 제품들을 보유했지만 이들 부부는 업 라인 스폰서들과 약간의 마찰이 있었습니다. 따라서 두 부부는 약 일년 전 네트워크 마케팅 사업을 그만뒀습니다. 레이몬드는 정규직을 가지고 있는 반면, 준은 아이들을 돌보며 가사 일을 하고 있습니다.

도시 반대편에는 빅 알이 살고 있습니다. 빅 알은 지금 막 자신이 후원하는 신규 사업자에 대한 트레이닝을 마쳤으며, 또 다른 가망고객 물색에 나섰습니다.

레이몬드와 준은 분명 훌륭한 가망고객들입니다. 왜냐하면 그들은 이미 네트워크 사업자로 근면하게 일함으로써 성공에 대한 그들의 의지를 보여줬기 때문입니다. 빅 알은 이들 부부가 받은 네트워크 마케팅 성공 시스템 트레이닝이 부족하다고 느꼈으며, 성공하기에는 뭔가 나사 하나가 빠져 있다고 생각했습니다. 빅 알이 현장 트레이닝을 해줄 경우, 이들 부부는 네트워크 마케팅에서 틀림없이 대어가 될 수 있습니다. 그들은 인맥이 있고, 빅 알은 기술이 있습니다.

단지 하나의 문제가 남습니다. 이들 부부는 네트워크 마케팅 회사와는 다시 인연을 맺지 않을 계획입니다. 그들이 마지막으로 겪은 경험은 매우 부정적이었으며, 따라서 똑같은 일을 되풀이하고 싶지 않습니다.

하지만 레이몬드와 준은 대어가 될 수 있기 때문에, 빅 알은 그들이 다시 네트워크 마케팅에 참여할 동기를 연구했습니다.

가족이 차 한 대만 가지고 생활한다는 것은, 다시 말해 레이몬드가 직장에서 돌아올 때까지 준은 자동차를 사용할 수 없다는 뜻입니다. 이것은 동기 부여가 되지만, 대부분의 네트워크 마케팅 프로그램의 경우 자동차 구입을 위해 몇 달간 노력하면서 많은 양의 제품을 판매해야 합니다. 몇 달 동안 열심히 일한 후 겨우 두 번째 차 한 대를 구입할 수 있다면 아마도 이들 부부는 차라리 네트워크 마케팅에 참여하지 않을 겁니다.

월요일 아침, 빅 알은 동네 자동차 대리점에 들러 작고 성능 좋은 스포츠카 한 대를 대여한 후 이 차를 몰고 준의 집을 방문했습니다. 그는 준에게 자신의 네트워크 마케팅 프로그램을 설명했으며, 그들이 성공하도록 그가 특별히 지도해 줄 것이라 말했습니다. 빅 알의 도움을 받으면 매달 이삼백 달러의 수입을 더 올릴 수 있습니다. 그러나 빅 알은 준과 레이몬드가 지금 당장은 이 기회에 관심이 없다는 사실을 잘 알고 있습니다. 그는 준에게 이 정보를 알려준 후, 나중에 이 기회에 대해 남편과 잘 상의해보도록 부탁했습니다.

빅 알이 떠날 때, 그는 준에게 자신의 스포츠카로 집까지 대리 운전을 부탁했습니다. 만약 이들 부부가 네트워크 마케팅에 뛰어든다면, 여분의 수입을 통해 이런 스포츠카를 손쉽게 빌릴 수 있다고 빅 알은 설명했습니다.

준이 사업 참여의 혜택을 잘 이해함에 따라, 빅 알은 준에게 이틀 동안 스포츠카를 대여해 주었습니다. 만약 이 차를 계속 몰고 싶다면 준은 남편을 설득해 사업에 참여하면 됩니다. 준이 빅 알을 그의 집 앞에 내려주었을 때, 그녀는 이미 쇼핑 및 자녀들의 통학용으로 자신만의 자동차를 가지는 꿈에 부풀어 있었습니다. 빅 알은 그녀에게 감사 표시를 하고 이틀 후 차를 돌려받기로 했습니다.

자신만의 자동차가 주는 이점 및 효율성을 한 번 느끼게 되면 준은 네트워크 마케팅에서 열심히 일할 것이란 사실을 빅 알은 너무도 잘 알고 있습니다.

레이몬드가 퇴근할 무렵, 준은 레이몬드를 위한 가망고객 명단 및 빅 알과의 미팅 계획을 이미 다 만들어 놓았습니다.

인생의 법칙

"잃는 것에 대한 두려움은 얻을 것에 대한 욕망보다 강하다."

우리 모두는 사람들을 변화시키고 싶어합니다.

하지만, 사람들과 함께 일하며 그들 자체를 인정함으로써 훨씬 더 나은 결과를 얻습니다. 만약 사람들이 진정으로 변화할 수 있다면 이것은 아마도 기적일 겁니다.

미국 가정의 수는 백만 가구가 넘습니다. 모든 결혼 생활에서 한 배우자는 다른 배우자를 변화시키려 노력합니다. 결혼 전 남편은 지저분했기 때문에 결혼 후 아내는 남편을 변화시키려 결심합니다. 백만 가구 중에서, 특정 배우자가 상대 배우자를 완벽히 변화시켰다는 증거가 없습니다. 사람들은 변화를 싫어합니다.

만약 사람들이 변화를 싫어한다면, 있는 그대로의 그들 모습을 수용하고 함께 일함으로써 더 나은 결과를 얻을 수 있다고 생각지 않으십니까?

그렇다면, 어떻게 사람들에게 동기 부여를 할 수 있을까요? 산처럼 쌓인 동기 부여 책들에 나와 있는 대로 시도하실 겁니까? 이들 방법의 대부분은 사람들의 태도를 변화시킵니다. 우리는 사람들의 가치관 자체를 변화시켜야 합니다. 사람들이 근시안적으로 생각할 때, 우리는 이들이 장기적 안목을 갖도록 변화시켜야 합니다. 그들의 습관도 변화시켜야 합니다.

이와 같은 기술은 단지 제한된 성공만을 야기합니다. **그 이유는 사람들이 변화를 싫어하기 때문입니다.**

사람들에게 동기를 부여하기 위해 할 수 있는 일들이 무엇일까요? 사람들은 살아가며 실패를 미연에 방지하기 위해 많은 노력을 한다는 사실을 명심하기 바랍니다.

예를 들어, 존 애버리지는 주차 딱지를 뗐습니다. 벌금 17달러를 잃기보다는, 아침 일찍 법원에 가서 이 딱지를 무효화시킵니다. 존은 17달러를 절대 잃지 않을 겁니다.

존이 얼마나 이득을 봤을까요? 사실, 그는 더 많은 돈을 잃었습니다. 명세서를 한 번 살펴봅시다.

45 달러	그 날 아침 직장에 늦음으로써 깎인 월급
5 달러	법원 왕복에 필요한 기름
5 달러	법원 주차장의 주차비(또다시 주차 딱지를 뗄 수는 없으니까요)

---

55 달러 17 달러 벌금을 면하기 위해 소비한 총 금액!

존의 동기 부여는 벌금을 물지 않기 위한 엄청난 노력입니다. **무언가를 잃는 것에 대한 두려움**의 전형적인 예입니다.

또 하나의 예를 들면 샐리는 한 시간 일찍 모텔에서 체크아웃을 한 후 자동차를 몰고 50마일 가량의 운전했습니다. 갑자기 그녀는 모텔 방 화장대 위에 20달러 가격의 시계를 두고 온 사실을 깨달았습니다. 그대로 여행을 계속하는 대신, 샐리는 무엇을 했을까요? 물론, 그녀는 모텔로 되돌아갔다 오는 동안 두 시간을 허비하고 왕복 기름 값을 낭비했습니다. **무언가를 잃는 것에 대한 두려움**의 전형적인 예입니다.

다른 각도에서 생각해 볼 때, 샐리가 여행을 계속했더라면 낭비한 두 시간에 아마도 한 두 명의 가망고객들을 더 만났을 것이며, 그 결과 지금보다 두 배 많은 수입을 올렸을 겁니다. 샐리의 경우 얻을 것에 대한 욕구가 **잃을 것에 대한 두려움**보다 더 큽니까?

아닙니다. 샐리의 경우 자신이 가진 것을 잃지 않는 방향으로 동기 부여가 이루어 졌습니다.

샘은 주말 내내 잔디를 깎고 집의 페인트칠을 다시 했습니다. 몇 달러만 지불하면 동네 고등학교 남학생을 고용해 이 일들을 해결할 수 있습니다. 이것은 **잃는 것에 대한 두려**

움의 또 다른 예입니다. 샘은 이 몇 달러를 지불하고 싶지 않았습니다. 만일 그가 주말동안 동네 약국에서 아르바이트를 했더라면, 고등학생을 고용해 잔디 깎기 및 페인트칠을 하는 것보다 세 배는 많은 돈을 벌었을 겁니다.

샘은 이러한 법칙의 완벽한 예입니다. 그는 얻기 위해 노력한 것이 아니라, 잃지 않기 위해 주말 내내 노력했습니다.

래리는 얼마 전 여자친구와 헤어졌습니다. 그녀와 다시 사귀기 위해 래리는 꽃다발, 캔디, 선물 등을 보내고 매일같이 그녀에게 전화를 합니다. 여자친구와 헤어지기 전에는 이와 같은 엄청난 노력을 하지 않았습니다. 래리는 잃는 것을 싫어하며, 이러한 손실을 막기 위해 엄청난 노력을 하도록 동기가 부여됐습니다. **잃는 것에 대한 두려움**은 얻을 것에 대한 욕구보다 더 큽니다. 왜냐하면, 여자친구와 잘 되고 있을 때 래리는 그들의 관계를 더욱 돈독히 할 어떤 노력도 하지 않았기 때문입니다.

지금까지 사람들이 동기 부여가 되는 방식을 살펴보고 이해했습니다. 그렇다면 어떻게 이것을 이용할 수 있을까요? 사람들의 타고난 심리를 받아들이고, 이 원리를 통해 사람들에게 동기를 부여하도록 합시다.

"잃는 것에 대한 두려움은 얻을 것에 대한 욕구보다 강하다."

활동이 왕성하지 않은 1단계 직속 다운라인 사업자에게 열심히 일하고 제품을 구입하도록 부탁하거나, 달콤한 말로 다독이거나, 뇌물을 주거나, 유도하는 대신, **잃는 것에 대한 두려움**이라는 새로운 전략을 구사해 봅시다.

개인적으로 두 세 명의 새로운 사업자들을 컨택한 후, 이들을 비활동적인 직속 다운라인 사업자 아래에 위치시킵니다. 이렇게 하면 비활동적이었던 사업자는 자신의 파트너나 다운라인 사업자들에게 추월당하지 않기 위해 그리고 보너스 수입을 올리기 위해 열심히 일할 것입니다.

이제 이 비활동적이었던 직속 다운라인 사업자는 어떻게 행동할까요?

그는 자신에게 돌아올 보너스의 손실을 방지하기 위해 사업에 열심히 임할 것입니다. 우리가 그에게 동기를 부여했나요? 그렇습니다.

그의 경우, 손실에 대한 두려움이 얻을 것에 대한 욕구보다 강합니까? 그렇습니다. 그 이전에는 제품을 구입하고 사업을 시작하기만 한다면 틀림없이 부자가 될 거라는 약속을 아무리 하더라도 그에게 동기를 부여할 수 없었습니다.

이 원리를 사업 전반에 걸쳐 사용할 수 있을까요? 그렇습니다. 제한된 것은 원리가 아닌 우리의 상상력입니다.

목장 신드롬 - 전편

모든 네트워크 마케팅 사업자들은 네트워크 마케팅에 몸 담고 있는 동안 가끔씩 이 질문을 던집니다. "내 그룹의 제품 소비 실적(volume)을 어떻게 늘릴 수 있을까?" 혹은 "매달 보너스를 어떻게 늘릴 수 있을까?"

사용 가능한 선택 사항들을 살펴볼 경우, 의도된 결과를 달성하려면 단지 두 가지의 행동만이 가능합니다. 첫 번째 행동을 살펴봅시다.

1. 현재 자신의 그룹의 회원들을 트레이닝 시켜 더 많은

제품을 소비하게 한다.

몇 가지 이유로 인해, 거의 모든 네트워크 마케팅 사업자들이 이 사항을 선택합니다. 논리적으로 볼 때, 제대로 된 트레이닝을 받을 경우 현재 활동 중인 사업자들의 소비량 기준은 더 높아지게 됩니다.

만약 각각의 네트워크 사업자들이 제품에 대한 지식을 많이 가진 후 당신이 사용하는 만큼의 제품 소비량을 소화할 수 있다면, 만약 당신 그룹의 모든 사업자들이 당신만큼 제품을 사랑하고 아낀다면, 만약 당신 그룹의 모든 사업자들이 지금보다 더 많은 제품을 사용하거나 단순 소비자를 더 모집한다면, 만약 당신 그룹의 모든 사업자들이 경험을 통해 당신이 얻은 사업설명과 후원의 기술을 습득한다면, 그룹의 전체 실적은 하룻밤 사이에 두 세배로 뛸 것입니다.

또한, 만약 트레이닝을 통해 동기 부여가 미진했던 사업자들이 모두 동기 부여가 충족될 경우 당신 그룹의 실적이 엄청나게 뛸 것에 대해 상상해 보십시오. 그러나 이는 현실적으로 불가능합니다. 결국 모든 사업자들에 대한 트레이닝이 충분히 이루어지지 않기 때문입니다.

따라서 3주 연속 목요일 밤마다 제품 트레이닝 프로그램을 실시하기로 결정합니다. 이는 제품의 성분, 테스트 결과, 사용한 사람들의 의견, 회사 책자 등을 가르치는 데 필요한 최소한의 시간입니다. 숙제를 내고, 매주 시험을 보고, 실험을 합니다. 이 모임은 모든 미팅마다 참석하는 핵심적인 사업자들을 위한 자리입니다. 이 사업자들은 새로운 가망고객을 동반하지 않지만, 제품 라인에 대한 새로운 사실을 깨달음으로써 매우 즐거워합니다. 사실 이들은 트레이닝에 너무 감명 받은 나머지, 우리가 약속했던 소매 판매 트레이닝도 즉시 받기를 원합니다.

소매 트레이닝은 토요일 아침 9시부터 오후 2시까지로 예정돼 있으며 연속 4주간에 걸친 프로그램입니다. 이 트레이닝을 통해 우리 그룹의 사업자들은 확실한 마무리 기술, 가망고객이 할지도 모르는 반대나 거절에 대처하는 방법, 이 사업의 특징들, 혜택 등을 배울 계획입니다. 또한 연극, 판매 콘테스트, 제품 라인 설명 암기 등의 행사를 준비해 두었습니다. 새로이 트레이닝에 참가한 그룹 내의 회원들은 너무나 훌륭한 자질을 갖추고 있어, 만날 때마다 리더들에게 연습 삼아 사업설명을 마무리해 보입니다.

이제 우리 그룹은 고난도의 후원활동과 시스템에 관한 워크숍을 받을 차례입니다. 여기서 배운 새로운 기술들을 가망고객들에게 응용할 수 있습니다. 앞으로 5주간 월요일 밤 7시부터 10시까지 후원과 시스템에 관한 강의가 있습니다. 여기서는 가망고객의 리스트 작성법, 진정한 사업설명의 마무리 및 시작, 흥미유발 단계, 선전, DM 발송법, 신규 사업자들을 처음부터 끝까지 후원하는 법, 후속조치란 무엇인가 등을 교육받게 됩니다. 신규 사업자들에게는 잘 훈련되고 성숙한 리더가 가장 훌륭한 스폰서입니다!

후원과 시스템에 관한 트레이닝이 끝난 후에는 그룹 내 회원들이 정기적으로 모집하던 신규 사업자들을 거의 모집하지 않는다는 사실을 발견합니다. 그들은 좋은 본보기를 갖지 못했으므로, 리더십 트레이닝도 필요한 것 같습니다. 2주간의 강화 세미나를 위해 고용된 리더십 컨설턴트는 훌륭한 리더들에게 필요한 원칙들을 가르칩니다. 만약 우리의 네트워크 사업자들이 리더의 소질이 없다면 어떻게 대규모 그룹을 이끌 수 있겠습니까?

하지만 마침내 한 가지 잊고 있던 사실이 떠오릅니다.

우리 그룹에 소속된, 오래되고 성숙한 경험이 많은 사업자들은 제품에 대해 모든 것을 알고 있으며, 새로운 가망고객들에게 신뢰감이 가는 사업설명을 할 능력이 있습니다. 또한 이들은 뛰어난 후원의 기술과 제품 설명의 능력을 가지고 있으며 훌륭한 리더가 되는 법을 알고 있습니다. 하지만 실제로 무언가를 실행할 동기가 전혀 부여돼 있지 않습니다.

눈앞에 버티고 있는 이 사실을 보며, 우리는 그동안의 모든 트레이닝이 사실은 시간과 돈 낭비였다는 것을 깨닫습니다. 세상의 모든 기술을 가지고 있다 해도, 실제로 밖으로 나가 두려움을 극복하고 사용하지 않으면 아무런 소용이 없습니다. 그룹에 소속되어 있는 대부분의 사업자들은 프로이며 언제나 모든 강의 및 트레이닝에 참여하지만, 그 대신 진짜 세상으로 나가 행동할 준비가 되어 있지 않습니다.

사실 그들이 행동할 이유가 있습니까? 모든 트레이닝 수업 동안 이들은 거절을 당해본 적도 없을 뿐더러 언제나 긍정적인 사람들에 둘러싸여 있었습니다. 우리 사업자들에게는 이 편이 훨씬 좋을 테니까요.

드디어 우리가 당면한 문제를 제대로 이해했습니다. 우리 그룹의 네트워크 사업자들은 경험과 노하우가 풍부하고 사업 기술이 남달리 뛰어나지만, 전문 미팅에만 참석하고 사업 관계자들끼리만 친분을 유지합니다. 이들은 진정한 성공이 두려운 나머지 세미나, 워크숍, 강의 등에만 출석합니다. 이런 미팅으로 바쁘다보면 반대 및 거절을 경험할 수 있는 진짜 세계에 직면할 시간이 없습니다.

이런 경우에 대한 해결책을 원하십니까? 그동안의 트레이닝 전부를 던져버리고, 동기 부여에 관련된 훌륭한 트레이닝을 해보십시오.

만약 사람들에게 동기를 부여할 수 있다면 좋은 결과를 얻을 수 있습니다. 개인 소비 실적, 컨택 및 후원 활동에 대한 이해, 제품 기술 지식이 형편없는 신규 사업자들이 대규모 사업을 성공적으로 이끄는 경우를 많이 볼 수 있습니다. 이들에게 동기가 부여됐기 때문에 가능한 일입니다. 그러나 우리 그룹 내 회원들에게는 두려움을 극복할 수 있는 동기가 부여되지 않았습니다. 그러므로 그들은 아무 일도 하지 않습니다. 이들이 즐겨하는 일은 미팅에 될 수 있는 한 많이 참석하는 겁니다. 따라서 밖으로 나가 그동안 배웠던 정보 및 기술을 실전에 사용할 시간이 없습니다. 기본적으로 이들에 대한 교육은 스스로의 목을 조르는 행위입니다.

만약 **"동기 부여"**가 우리 그룹의 해결책이라면, 최고로 동기 부여를 잘 하는 연설자를 초빙해 토요일 내내 이 사람의 연설을 그룹 내 회원들에게 들려주면 됩니다. 그러면 우리 사업자들은 자신들의 가능성을 인지하고 자신감을 가지며, 밖으로 뛰쳐나가 활발한 활동을 할 것입니다!

마침내 결전의 날이 다가왔습니다. 이 연설에 모인 사람들은 과잉 교육된 핵심 사업자들입니다. 하지만 이번에는 무언가가 다릅니다. 이들은 의자 위에 올라가 성공 구호를 외치며 새로이 적극성을 보여주고 목표를 재설정하는 등, 정말로 동기를 확실히 부여받았습니다. 이들은 자신들이 얼마나 기분이 좋은지에 대해, 여기 모인 모든 이들이 얼마나 좋은 사람들인지에 대해, 그리고 이제 정상의 자리에 설 확신이 생긴다고 서로의 등을 두드렸습니다. 이전에는 지치고 비활동적이었던 구성원들이 지금은 목표 설정이 확실한 행동가들로 변모했습니다. 이들은 한시라도 빨리 밖에 나가 실행할 준비가 되어 있습니다.

토요일 밤이 되자 한 사업자는 집에 돌아가 그의 목표를 재설정합니다. 마침내 사업에서 한 건 올릴 거라고 가족들에게 큰 소리도 칩니다.

일요일은 원래 휴식의 날이지만, 새로이 동기가 부여된 우리 사업자는 행동계획을 세우고 동기 부여에 도움을 주는 테이프를 들으며 하루를 보냅니다.

월요일은 일하는 날이지만, 우리 사업자는 집에 돌아가 처음 상대할 사람을 선택합니다. 가망고객 리스트를 한 번 훑은 후, 그는 프레드와 조를 첫 번째 목표로 지정합니다. 프레드는 적어도 15번 이상 OM(오픈미팅)에 초대됐으며, 정말로 사업에 관심이 없는 가망고객입니다.

그러나 전혀 이에 겁먹지 않은 사업자는 위아래로 뛰면서 소리 지릅니다. "기분 진짜 좋다!" 그리고는 엄청난 점프력으로 의자 한두 개를 뛰어넘습니다. 분명히 프레드의 무관심은 우리 사업자의 열정을 누그러들게 할 수는 없을 것

같습니다.

그 다음으로 전화를 받은 조는 30분 뒤 방영될 '월요일 밤의 풋볼 경기' 관람 때문에 오늘밤 만날 수 없다고 말합니다. 컨택 활동에 적극적이던 우리 사업자 역시 이 이야기를 듣고는 자신도 풋볼을 봐야한다고 말합니다. 그는 목표 달성에 너무 흥분한 나머지 이 중요한 경기에 대해 까맣게 잊고 있었습니다.

화요일 밤 역시 똑같은 결과가 발생합니다. 오래된 가망고객들 한두 명에게 전화해 보면, 아무도 이 사업에 진짜 관심이 없다는 그들의 추측이 확증됩니다.

수요일 밤에는 예배가 있으며, 목요일에는 모든 사람들이 주말 계획을 짭니다.

사람들이 주말에는 가족과 함께 시간을 보내거나 혹은 직장에서 해방된 기분을 만끽하기 때문에 주말은 컨택이나 후원을 하는데 적합하지 않은 날입니다.

주의 깊게 살펴본 결과, 우리 그룹의 사업자들의 역량을 강화하기 위해 실시했던 트레이닝은 의도된 결과를 낳지 않습니다. "그룹의 제품 소비 실적을 더 늘리는 방법"에 대한 진정한 해결책은 무엇일까요? 다음 장에서 우리는 목장 신드롬의 성공적인 해결책을 살펴볼 것입니다.

목장 신드롬 - 후편

네트워크 마케팅 리더의 주된 문제는 더 열심히 짜면 더 많은 우유를 얻는다고 생각하는 태도입니다. **더 많은 우유를 얻기 위해서는 더 많은 수의 젖소가 필요합니다.** 지난 30년 동안의 통계에 따르면, 그룹의 전체 소비 실적을 증대시키는 유일한 방법은 더 큰 규모의 조직을 보유하는 것입니다. 현재의 회원들이 몇 달러 더 소비한다고 그룹의 실적이 크게 증대되지는 않습니다.

그룹 내의 사업자들로부터 몇 방울을 더 짜내는 대신 새로운 가망고객들과 신규 사업자들을 찾는 데 노력을 기울이면 **열 배 이상** 나은 결과를 얻을 수 있습니다.

그런데 리더들이 귀중한 시간을 할애해 새로운 회원들을 물색하지 않는 이유는 무엇일까요?

바로 거절에 대한 두려움 때문입니다.

현 그룹을 교육시킴으로써 당신이 현명하고 훌륭하다는

칭찬을 듣기는 쉽습니다. 불행하게도 이러한 방식으로는 당신의 사업이 개선될 수 없습니다. 단지 기쁜 마음이 생길 뿐입니다. 만약 당신이 기쁜 마음을 느끼기 위해 이 사업을 운영하신다면, 그것도 나쁘진 않습니다. 그러나 사업 이윤을 얻고 제품 소비량을 증대시키기 원하신다면, 현 그룹에 대한 과잉 교육은 당신은 물론 당신의 다운라인 사업자들에게도 웃음거리가 될 뿐입니다.

가망고객을 물색하는 것은 그리 즐거운 일은 아닙니다. 사람들이 "싫다"라고 말할 때마다 거절의 아픔을 느껴야 합니다. 많은 사업자들이 현재 그룹으로 돌아가 보호받으며 행복한 기분을 느끼고 싶다고 생각할 겁니다. 밖으로 나가 새로운 사람들을 찾아 설득해 약속을 잡은 후 훌륭한 기회 및 당신 개인의 리더십을 소개하기란 쉽지 않은 일입니다.

이론상으로는 쉽지만 실행은 어렵습니다. 물론, 현재 당신과 함께 일하는 사업자들을 방문하고 그들과 친밀한 관계를 유지하는 일도 가급적 줄여야 합니다. 그 대신 거리로 나가 가망고객들을 꾸준히 만나가야 합니다. 더 많은 젖소는 더 많은 우유를 안겨줍니다.

하지만 몇 가지 사항들이 방해요소로 작용합니다. 예컨대, 사람들을 설득하지 못하거나, 두려움을 느끼거나, 낯선 이들로부터 신뢰를 얻지 못하거나, 사업 경험을 거의 얻지 못하거나, 혹은 성공을 위한 계획이 전혀 없는 등의 문제들이 바로 그것입니다.

해결책은 "둘이서 한 팀"(Two-to-One)이 되는 것입니다. 사업자들이 약속을 잡고 그들의 리더와 함께 쇼더플랜을 하는 방식입니다. 한 네트워크 사업자가 친구 혹은 안면이 있는 사람들과 약속을 잡은 후, 그와 그의 리더는 함께 후원과 사업설명을 합니다. 이 경우, 계속되는 거절로 인해 자신감이 줄어들지 않기 때문에 늘 사업설명을 할 마음의 준비가 되어 있습니다. 당신이 리더라면 당신의 다운라인 사업자들이 해야 할 일은 약속을 잡고 편안히 앉아 당신의 유창한 사업설명을 지켜보는 일입니다. 이는 "일 대 일" 사업설명을 할 때 흔히 나타나는 두려움 및 냉담한 가망고객들의 반응을 극복할 수 있는 시스템의 힘입니다.

새로운 사업자를 끊임없이 컨택해야 하는 중요한 이유 중 하나는 이들의 열정을 배울 수 있기 때문입니다. 경험 많은 프로 사업자들이 열정으로 들뜨기란 매우 어렵습니다. 왜냐하면 프로들은 그동안 산전수전을 다 겪었으니까요. 이들은 사업을 처음 시작했을 때 이미 친구들과 만나 자신의 열정을 다 발산했으며, 따라서 지금은 열정에 무디어져 있습니다.

우리는 신규 사업자들이 경험 있는 프로 리더들보다 훨

씬 더 왕성한 열정 및 기대를 가지고 있는 걸 목격하곤 합니다. 당신의 그룹에 새로운 활기를 불어넣고 싶으십니까? 열정이 넘치는 신규 회원들을 모집하십시오. 이들은 전체 그룹의 활동 및 열정을 증대시킬 겁니다.

그룹은 열정적인 활동과 회원들의 분발을 통해 성장합니다. 처음 시작은 당신이지만, 한 번 시작하고 나면 그룹은 엄청나게 성장할 것입니다. 그룹의 모든 이들이 기대에 찬 자신감을 가질 때 그 그룹이 폭발적으로 성장하는 사례는 많습니다. 새로 가입한 사업자들이 기존의 그룹에 전해주는 자신감은 점점 성장해 마침내 전체 그룹의 열정에 도화선이 될 것입니다.

성공의 비결은 매주 한 두 명씩 새로운 사업자들을 컨택하는 것입니다. 무기력하게 움직이는 대신, 어떻게 이 도화선, 즉 스폰서링 캠페인에 불을 붙이는가를 연구하십시오. 우리 모두의 목표는 우리의 사업을 폭발적으로 일으키기 위한 대규모 스폰서링을 야기하는 활동의 실행입니다.

요약하자면, 기존의 네트워크 사업자들을 지나치게 교육시키거나 혹은 그들과 친분관계를 맺는데 지나치게 시간을 낭비하지 마십시오. 그룹을 탄탄하게 하고 거대하게 성장시키기 위한 유일한 방법은 더 많은 사업자들을 참여하도록 만드는 것이지 절대 기존의 사업자들을 혹사시키는 것이 아닙니다.

더 많은 우유를 얻으려면, 더 많은 젖소를 얻으십시오!

놓쳐버린 퇴직 케이스

사무실에서 근무하는 조는 58세이며, 지금에야 비로소 퇴직에 대해 심각하게 고려중입니다. 평생 동안 그는 퇴직을 위해 저축하거나 계획을 세우지 않았지만, 갑자기 할 일은 많은데 퇴직까지 시간이 얼마 남지 않았다는 생각이 그의 머리를 스쳤습니다. 조는 앞으로 7년 동안 퇴직금을 마련해야 합니다.

다행스럽게도 조는 계획이 있습니다. 그가 일하는 회사의 연금계획에 따르면 조는 퇴직 후 매달 550달러를 얻을 겁니다. 이것은 매우 적은 금액이지만, 그래도 없는 것보다는 낫습니다.

조는 회사가 자신의 노후를 보살펴줄 거라 믿었던 과거를 회상합니다. 말도 안 되는 얘깁니다! 7년 후 그가 퇴직했을 때, 550달러로는 공과금 및 부동산 세금조차 지불할 수 없습니다.

또한, 퇴직 후 조는 사회 보장 제도의 혜택을 받을 수 있습니다. 이는 매달 750달러로 계산됩니다. "적어도 평생 일한 보답을 조금은 받을 수 있겠군."이라고 조는 생각했습니다.

매달 1300달러의 퇴직금은 그리 큰 액수는 아니지만, 대부분의 사람들이 얻는 퇴직금보다는 낫습니다. 식료품, 자동차 유지비, 담보 및 대출 지불 등을 제외하고 나면, 1300달러는 최소한의 필요 예산을 겨우 충당할 것입니다. "잃어버린 시간들을 어떻게 메울 수 있지?"라고 조는 생각했습니다.

조는 시간제 부업을 하기로 결심했습니다. 그는 네트워크 마케팅 회사의 신규 사업자가 되었으며, 비록 아주 성공적이지는 않지만 매달 약 8백 달러의 순이익을 얻을 수 있었습니다.

일년간 차곡차곡 모은 9600달러로, 조는 96000달러 가치의 옆집을 10% 분할 구입했습니다. 이 집의 임대료는 매달 1200달러인데, 여기서 각종 세금, 보험, 기타 금액을 제외하면 천 달러가 남습니다.

조는 7% 이자의 담보를 얻어 육 년 동안 빚을 다 갚기로 결정했습니다. 육 년 후 그가 65세가 될 때 이 집은 온전히 그의 것이 될 겁니다.

이를 위해 매달 천오백 달러의 금액을 지불해야 합니다. 이중 천 달러는 임대료에서 얻을 수 있으며 나머지 오백 달러는 네트워크 마케팅 수입에서 얻을 수 있습니다.

육 년 후, 이웃집에 필요한 모든 빚은 청산됐습니다. 조가 사는 동네의 부동산이 매년 약 9%씩 증가했기 때문에 현재 이 집은 13만 달러 가치가 있습니다. 조는 이 집을 친구에게 20년 할부로 팔았습니다. 이 계약은 8% 담보금에 원리(元利)를 포함해 매달 천 백 달러였습니다. 이제 퇴직 후 조의 경제적 상황은 훨씬 더 나아졌습니다.

회사 퇴직금	**550 달러**
사회 보장	**750 달러**
집 담보 금액	**1100 달러**
네트워크 마케팅 수입	**800 달러**
총 수입	**3200 달러**

조는 퇴직한 후에도 소일거리로 네트워크 마케팅을 계속하기로 결심했습니다. 그는 이 사업을 즐길 뿐 아니라, 그가 벌어들인 수입의 투자 방법은 무궁무진했습니다. 매달 3,280 달러의 퇴직금을 바탕으로 조는 편안한 생활을 영위했습니다.

네트워크 마케팅 리더가 주는 교훈 : 조가 8년 혹은 10년만 일찍 시작했더라면 지금쯤 얼마나 많은 퇴직금을 모았을지 생각해 보십시오. 만약 그랬다면 조는 임대료에서 얻는 수입을 재투자함으로써 연간 5만 달러 혹은 그 이상을 손쉽게 벌며 안락한 노후를 만끽할 수 있었습니다.

명심하십시오! **대다수의 신규 사업자들은 매달 8백 달러의 비교적 작은 수입을 현명하게 투자한다면 몇 년 사이에 재정적 독립을 가져다 줄 수 있다는 사실을 의식하지 못합니다. 경제적 자유를 얻기 위해 반드시 슈퍼스타가 될 필요는 없습니다.**

사상의 양식

"사상은 당신이 원하는 것을 결정한다.
그리고 행동은 당신이 얻을 수 있는 것을 결정한다."

Big Al Tells All

by Tom Schreiter

Original Copyright © 1994 by KAAS Publishing

All Rights Reserved

독 자 카 드 / 우 편 엽 서

보내는 사람 :

☐☐☐ - ☐☐
☐

받는 사람

경기도 하남시 감북동 344-10번지
도서출판 **아름다운사회**

전화(02)488-4638 팩스(02)488-4639
e-mail: sc2000@naver.com www.ihzbbooks.co.kr

4 6 5 - 1 8 0

우표를 붙이지 않아도
우편물이 배달되오니
안심하세요

독 자 카 드

이 름 :   전 화 :

주 소 :

E-mail :   성 별 :   직 업 :

E-mail주소와 **전화**는 여러분들에게 동기부여와 유익한 정보제공의 목적으로 사용될 예정이오니 꼭 작성해 주시기 바랍니다.

구입하신 책이름 :

책구입 지역과 장소 :

책구입 방법 : 서점 □   선물 □   세미나 □   기타 □

책내용 만족도 : 매우 만족 □   보통 □   전혀 안됨 □

다른 사업가에게 책을 권하고 싶습니까? 예 □   아니오 □

아름다운사회의 책을 몇권 정도 읽어보셨습니까?

1~3권 □   4~5권 □   6~8권 □   9~10권 이상 □   기타 □

기억에 남는 책의 제목이 있다면?

아름다운사회에 바라는 점이나 하고싶은 이야기를 적어주신다면?

우편으로 보내시는 것이 불편하신 분은 작성하신 내용을 scj200@naver.com으로 보내주셔도 됩니다. 많은 참여부탁드립니다.

작성해 주셔서 감사합니다. 항상 독자를 먼저 생각하는 아름다운사회가 되도록 노력하겠습니다. 늘 행복하세요.

- 본 엽서를 보내주신 분들께는 아름다운사회 회원 자격이 주어집니다.
- 아름다운사회 회원이 되신 분께는 E-mail과 SMS문자 서비스를 통하여
  네트웍 마케팅과 관련한 유용한 정보 및 신간 안내를 해드립니다.
- 독립된 자영업자의 동기부여를 위해 최선을 다하는 아름다운사회와 함께
  성공할 수 있는 확실한 기회를 놓치지 마십시오!